中国語で読む
オリエント急行殺人事件

东方快车杀人案

アガサ・クリスティー
原著

羅 漢
中国語訳・解説

Published 2024 in Japan by IBC Publishing

Textbook rights arranged with Agatha Christie Limited through
Timo Associates, Inc.

カバーイラスト = RockingStock
ナレーション = 子音

はじめに

　言語学習を成功させるには、才能と努力のどちらがより重要ですか？

　私に言わせてみれば、才能や一時的な努力よりも、言語学習に対する強い熱意とコミットメントこそが、長期的な成功を左右する一番重要な要素です。その熱意を維持し続けるためには、皆さま自身の内なる動機付けも大事ですが、外的な刺激も時には大きな役割を果たします。本書は、そうした外的な刺激となり、読者の中国語学習意欲を高めることを目指しています。

　著者のアガサ・クリスティーは推理小説の名手で、中国の読者からは「阿婆（おばあさん）」という愛称で親しまれています。本書はその代表作の一つで、緻密なプロット、印象的な登場人物、物語術の素晴らしさで知られる不朽の名作です。この謎と疑惑に満ちた物語に没頭すれば、ミステリーを解き明かすだけでなく、中国語学習へのコミットメントも自然と高まるでしょう。

　本書のレイアウトも読者に優しく工夫されています。各ページには左側に中国語訳、右側に対応する日本語テキストが並んでいます。この横並びのフォーマットにより、両言語を簡単に比較対照でき、中国語の微妙なニュアンスや複雑さを深く理解することができます。さらに、各ページに難しい単語の訳が付いているので、分からない単語に行き詰まることはありません。加えて、各章の最後に重要な文法事項のセクションがあり、小説全体で使われている言語の構造やパターンについての貴重な洞察が提供されています。

　新しい言語を学ぶことは大変な課題ですが、この対訳版を使えば、楽しみながら報われる体験になるはずです。この言語の冒険に乗り出し、「オリエント急行殺人事件」の物語に身を委ねれば、言語学習が刺激的で忘れられない体験になることでしょう。

羅　漢

本書の構成

本書は、

□ 日本語本文に対応する中国語訳
□ 欄外の語注
□ 覚えておきたい中国語表現
□ MP3形式の中国語を収録した音声

で構成されています。日本語と中国語を比較しながら、より自然な中国語表現を身につけることができます。

　各ページには主要単語や上級単語の語注を入れて、文章の中でその単語がどのような意味で使われているのかをすぐに確認できるようにしました。また、ストーリーの途中に「覚えておきたい中国語表現」を設け、該当部分に登場する中国語の中でよく使われる表現、有用に活用できる表現をまとめました。

　各章のQRコードをスマートフォンで読み取ると、その章の中国語テキストの音声を聞くことができます。最初は中国語の文を目で追いながら耳で中国語の発音を確認しましょう。その後は、中国語の音声を聞くだけでストーリーを理解することができるように、くり返し聞いてください。いつの間にか中国語に慣れて身についてきた自分を発見することができるでしょう。

＊本書は左ページに中国語、右ページに日本語を配し、対照して読み進めていただけるようつくられています。必ずしも同じ位置から始めることは難しいのですが、なるべく該当の日本語が見つけられやすいように、ところどころ行をあけるなどして調整してあります。

●音声一括ダウンロード●

本書の朗読音声（MP3形式）を下記URLとQRコードから無料でPCなどに一括ダウンロードすることができます。

https://ibcpub.co.jp/audio_dl/0819/

※ダウンロードしたファイルはZIP形式で圧縮されていますので、解凍ソフトが必要です。
※MP3ファイルを再生するには、iTunes（Apple Music）やWindows Media Playerなどのアプリケーションが必要です。
※PCや端末、ソフトウェアの操作・再生方法については、編集部ではお答えできません。
　付属のマニュアルやインターネットの検索を利用するか、開発元にお問い合わせください。

目次

第一部

第一章
金牛座快车

　　赫尔克里·波洛站在叙利亚阿勒颇车站的月台上，冻得瑟瑟发抖。他当时正在叙利亚进行秘密调查。工作结束后，他正准备从陆路返回英国。这时距离开往伊斯坦布尔的金牛座特快列车发车还有五分钟。

　　波洛登上火车后，列车驾驶员带他去了卧铺车厢。

　　波洛说："这种天气应该不会有很多乘客吧。"

　　"是的。"列车员回答道。"只有两个人，都来自英国。一位是来自印度的上校，另一位是来自巴格达的女家庭教师。"

　　火车上很暖和，波洛也觉得累了，所以很快就睡着了。

　　波洛第二天早上九点半起床，去餐车喝咖啡。一位年轻女子先到了那里，正在吃早餐。她身材苗条，面容姣好，一头黑发。看上去顶多二十八九岁。

■ 车站 駅　■ 冻 凍える　■ 瑟瑟发抖 ぶるぶる震える　■ 卧铺车厢 寝台車　■ 上校 大佐
■ 暖和 暖かい　■ 顶多 せいぜい

第1章
タウルス急行

　エルキュール・ポアロは凍える寒さのなか、シリアのアレッポ駅のホームに立っていた。シリアで内密の捜査をしていたのだ。仕事が終わり、陸路でイギリスに帰国する途中だった。イスタンブール行のタウルス急行の出発まであと5分だった。

　ポアロが列車に乗り込むと、車掌が寝台車の部屋に案内してくれた。

　「こんな天気では乗客はたいして多くないだろうね」ポアロが言った。

　「はい」車掌が答えた。「ほかにおふたりだけです、どちらもイギリスの方です。インドから来られた大佐とバグダッドから来られた女性の家庭教師です」

　列車のなかは暖かく、ポアロは疲れていたので、たちまち眠りについた。

　ポアロは翌朝9時半に起きると、食堂車にコーヒーを飲みに行った。若い女性が先にいて、朝食を取っていた。女性はほっそりとして美しく、黒髪だった。20代後半のように見受けられた。

几分钟后，一个大约四十岁的高个子男人走了进来，向这位年轻女士鞠了一躬。

"早上好，德本汉姆小姐。"那人说。"我可以坐在这儿吗？"

"请坐。"

上校和那位女士注意到了波洛的存在，但没有向他打招呼。

波洛在午餐时也遇到了他们，他一边假装不感兴趣，一边听着他们的谈话，乐在其中。在波洛看来，上校显然对这位女士有好感，但却在极力掩饰。

"啊，火车旅行。"波洛想。"有那么一点略带危险的浪漫气息。"

当晚，列车抵达科尼亚站。两名英国乘客下了车并走到站台上呼吸新鲜空气。波洛觉得这是个好主意，于是也下了车。当他走近他们时，听到了阿布斯诺特上校的声音。

"玛丽，要不是我连累了你……"

"现在什么都别说。"她打断道。"等这一切都结束了，我们就可以……"

波洛悄悄地回头看了一眼。

"真是奇了怪了。"他边走边想。

第二天晚上，列车抵达了伊斯坦布尔。波洛旅途劳累，直接去了托卡特里安酒店，自此再也没有见到另外两名乘客。

■ 鞠躬 お辞儀をする ■ 打招呼 挨拶をする ■ 假装 ～ふりをする ■ 掩饰 ごまかす、覆い隠す
■ 抵达 到着する ■ 主意 考え、アイデア ■ 连累 巻き込む ■ 打断 さえぎる ■ 结束 終わる、
济む ■ 悄悄地 そっと、こっそり ■ 酒店 ホテル ■ 自此 それっきり

　数分後、40歳ほどの長身の男性が入って来て、若い女性にお辞儀をした。

　「おはようございます、デベナムさん」男性が言った。「ごいっしょしてよろしいですか？」

　「どうぞ、おかけになって」

　大佐と女性はポアロがいることに気づいたが、挨拶をしなかった。

　ポアロは昼食のときにもふたりを見かけ、関心のないふりをしつつふたりの会話に耳を傾けて楽しんだ。ポアロの目には、大佐が女性に好意を抱いているのにそれを隠そうとしていることは明らかだった。

　「ああ、列車の旅か」ポアロは思った。「ちょっと危険なロマンスの香りがするな」

　その晩、列車はコンヤ駅に着いた。ふたりのイギリス人乗客は新鮮な空気を吸いにホームに降りた。それもいい考えだと思い、ポアロも降りた。ふたりのそばに近づくと、アーバスノット大佐の声が聞こえた。

　「メアリ、きみをこんなことに巻き込まなければ……」

　「いまはおっしゃらないで」彼女がさえぎった。「すべてがすんでから。何もかも片づいたら、そのときは……」

　ポアロはそっと引き返した。

　「変だな」と、歩きながら考えた。

　次の日の夕方、イスタンブールに到着した。ポアロは旅で疲れていたのでトカトリアン・ホテルに直行し、ほかのふたりの乗客とは、それっきり顔を合わせることもなかった。

第二章
托卡特里安酒店

　　当波洛抵达酒店时，他惊讶地发现自己有一封来自英国的电报。电报说发生了一起事件，希望他能赶去。这意味着他必须立即返回英国。

　　波洛很失望。他本打算在伊斯坦布尔逗留几天，看看风景，但此时必须马上离开。他拜托前台帮他买了一张东方快车的票，即开往英国的火车车票。

　　"好的，先生。"前台接待员回答道。"谁也不会在这个时节出游。我敢说火车上肯定没有几个人。火车今晚九点出发。"

　　波洛一看表，已经八点了。至少还有时间吃晚饭。

　　他刚在餐厅坐下，就有人把手搭在了他的肩膀上。

■ 惊讶 驚く　■ 立即 すぐに　■ 逗留 滞在する　■ 必须 ～しなければならない　■ 车票 切符
■ 前台接待员 フロント係　■ 出游 旅をする　■ 表 時計　■ 搭 置く

第2章
トカトリアン・ホテル

　ポアロがホテルに到着すると、驚いたことにイギリスから電報が届いていた。事件が起こったので来てほしいということだった。すぐにイギリスに戻らなければならなくなった。

　ポアロはがっかりした。イスタンブールに数日滞在して観光しようと計画していたのに、すぐに出発しなくてはならなかった。フロント係にオリエント急行の切符を取ってもらいたいと頼んだ。イギリスまで行く列車のことだ。

　「かしこまりました」フロント係が答えた。「こんな季節には、どなたさまも旅をなさいませんから。きっと、がら空きでございますよ。列車は今夜の9時に発車いたします」

　ポアロが時計に目をやると、8時だった。少なくとも夕食を食べる時間はある。

　レストランで腰かけたとたんに、誰かが肩に手を置いた。

"嘿，我的朋友！"一个声音在他身后喊道。

是布克先生。他是国际卧铺列车公司的一名高管。和波洛一样，他也是比利时人，多年前波洛还在比利时警察局工作时，他就已经是波洛的朋友了。

"布克！"波洛喊道。"真巧，在这儿见到你！"

波洛解释说，他刚买了一张去英国的车票。

"那我们可以一起旅行了。"布克说。

波洛与他的朋友共进晚餐，一边聊着往事，一边环顾餐厅四周。坐在一张桌子旁的两个男人引起了波洛的注意。一个大约三十岁，另一个大约六十岁。两人似乎都是美国人。年轻的男人看上去很随和，而年长的男人则一脸凶相。这让波洛很在意。

晚饭后，波洛和布克赶往火车，但出乎他们意料的是，火车满员了。

"这不可能！"布克惊呼道。"是来了一个旅行团，还是有什么我不知道的活动？"

■ 喊 叫ぶ ■ 高管 重役 ■ 往事 昔のこと ■ 餐厅 レストラン ■ 随和 親切 ■ 凶相 邪悪
な目つき ■ 在意 気になる

「やあ、友よ！」うしろの声が叫んだ。

ブーク氏だった。国際寝台車会社の重役だ。ポアロと同じくベルギー人で、ポアロが何年も前まだベルギー警察に務めていたころからの友人だ。

「ブーク！」ポアロが叫んだ。「こんなところで会えるなんて奇遇ですな！」

ポアロはイギリス行の切符を買ったところだと説明した。

「それでは、いっしょに旅ができますね」ブークが言った。

ポアロは友人と夕食を食べ、昔のことをしゃべりながら、レストランを見回した。席についているふたりの男がポアロの注意を引いた。ひとりは30歳くらいで、もうひとりは60歳くらい。どちらもアメリカ人のようだ。若いほうの男は感じが良かったが、年配の男は邪悪な目つきをしていた。ポアロはそれが気になった。

夕食後、ポアロとブークは列車まで足を運んだが、驚いたことに列車は満室だった。

「あり得ない！」ブークが叫んだ。「団体客か、それともわたしの知らない行事でもあるのか？」

"不是这样的，先生。"列车员回答道。"只是恰好今晚有很多人要乘车出游。"

"那么，请您帮这位先生找个铺位吧。"布克命令道，"他是我的朋友。"

好不容易，列车员终于找到了一个房间。房间是七号房，双人间。

当波洛被带到七号房间时，里面有一个人，是他之前在餐厅里见过的年轻美国人。

"真不好意思。"布克对这位困惑的美国人说，"没有其他铺位了。对不起，但请允许波洛先生使用这个房间。"

说完，布克就离开了。

"有一个列车公司的高管做朋友是多么幸运啊！"波洛想。

在一再道歉之后，波洛做了自我介绍。美国人介绍说自己叫麦奎恩，并与波洛握了手。就在这时，汽笛响了，火车开动了。

■ 恰好 ちょうど、たまたま　■ 铺位（寝台列車の）席　■ 房间 部屋　■ 困惑 当惑する　■ 允许 許す、了承する　■ 离开 去る、(その場を)離れる　■ 开动 発車する

「いいえ、そうではありません」車掌が答えた。「今夜は、たまたま多くの方がご旅行されているようです」

「では、こちらの紳士に席を取ってくれたまえ」ブークが命じた。「わたしの友人だ」

なんとかして、車掌は部屋を見つけた。部屋は7号室で、ふたり部屋だった。

ポアロが7号室に案内されると、なかには先ほどレストランで見かけた若いアメリカ人がいた。

「申し訳ありませんね」ブークは、当惑しているアメリカ人に言った。「ほかに席がないのです。すみませんがポアロ氏にここを使っていただくことになりました」

そう言うと、ブークは歩き去った。

「鉄道会社の重役が友人とは、幸運なことだ！」ポアロは思った。

何度もあやまりながら、ポアロは自己紹介した。アメリカ人はマックィーンと名乗り、ポアロと握手した。ちょうどそのとき、汽笛が鳴り、列車が発車した。

第三章
波洛拒绝请求

　　第二天，波洛和布克在餐车共进午餐。火车餐是一种享受。饭后，波洛靠在椅子上，感觉饱饱的。

　　"火车旅行是不是很浪漫？"布克问道。"火车上聚集了各种各样的人——不同国籍、不同阶层、不同年龄的人。"

　　布克说的很对。波洛观察了一会儿东方快车上的其他乘客。

　　一张桌子上坐着三个男人。一个是身材高大的意大利人，第二个是衣着讲究、戴着眼镜的英国人，第三个是穿着棕色西装的美国人。美国人和意大利人在谈论工作，英国人则默默地看着窗外。

　　他们旁边的桌子上坐着波洛见过的最丑的老太太。她穿戴着珠宝和一身漂亮的皮草大衣。

■ 靠在 〜にもたれる　■ 浪漫 ロマンチック　■ 聚集 集まる　■ 阶层 階級　■ 身材高大 背が高い　■ 衣着讲究 きちんとした身なり　■ 西装 スーツ　■ 丑 醜い　■ 珠宝 宝石　■ 皮草 毛皮　■ 大衣 コート

第3章
ポアロ、依頼を断る

　次の日、ポアロとブークは食堂車で会って昼食を取った。列車の食事は
ご馳走だった。食事が終わると、ポアロは椅子にもたれて満腹感を味わっ
た。

　「列車の旅はとてもロマンティックだと思いませんか？」ブークが尋ね
た。「列車にはあらゆる種類の人々——あらゆる国籍、あらゆる階級、あ
らゆる年齢の人たちが、一堂に会します」

　ブークの言う通りだった。ポアロはしばらくのあいだ、オリエント急行
のほかの乗客を観察した。

　ひとつのテーブルには3人の男が座っていた。ひとりは大柄なイタリア
人、ふたり目は眼鏡をかけたきちんとした身なりのイギリス人、あとひと
りは茶色いスーツを着たアメリカ人。アメリカ人とイタリア人は仕事の
話をしていて、イギリス人は黙って窓の外を眺めていた。

　その隣のテーブルには見たこともないような醜い老婦人が座っていた。
宝石に身を包み、美しい毛皮のコートを着ている。

"那是德拉古米罗夫公爵夫人。"布克低声说道。"她是一位俄罗斯富豪。"

在另一张桌子上，玛丽·德本汉姆和两个女人坐在一起。其中一个身材高挑，长着一头褪色的金发，穿着廉价的衣服。她长长的脸酷似山羊。另一位是一位上了年纪的美国人，看起来很健康，一直在谈论她的女儿。

在她们旁边，阿布斯诺特上校独自一人坐着。餐车后排坐着一位身着黑衣的女士。在她旁边的餐桌上，一对俊美的夫妇有说有笑——一个是三十岁左右、肩膀结实的男人，一个是穿着最新流行服饰的漂亮小姐。

"俊男美女啊。"波洛说。"他们是夫妇吗？"

"是的。我想是匈牙利大使和他的夫人。"布克回答道。

餐车里还有两位客人。一个是年轻的美国人麦奎恩，另一个是面目可憎的雷切特先生。昨晚，波洛从麦奎恩那里听说他是雷切特的秘书。

一桌一桌的乘客离开了餐车。最后，只剩下波洛、雷切特和麦奎恩。雷切特对麦奎恩耳语了几句，他便起身离开了。然后，令人惊讶的是，雷切特走到波洛的桌前坐下。

"我叫雷切特。"他说。"我想你是赫尔克里·波洛吧。"

■ 俄罗斯 ロシア ■ 褪色 色あせる ■ 廉价 安物 ■ 结实 たくましい ■ 漂亮 美しい、きれい ■ 匈牙利 ハンガリー ■ 秘书 秘書 ■ 剩下 残る ■ 耳语 ささやく ■ 惊讶 驚く

「あちらはドラゴミロフ公爵夫人です」ブークが低くささやいた。「ロシア人の富豪です」

別のテーブルにはメアリ・デベナムがふたりの女性と座っていた。ひとりは背が高く、色あせた金髪で、安物の服を着ていた。長い顔は羊のようだった。もうひとりは年配の、健康そうなアメリカ人で、ずっと娘のことばかり話していた。

その隣には、アーバスノット大佐がひとりで座っていた。食堂車の後方には、黒い服を着た女性がひとり。その隣のテーブルでは美しいふたり連れが笑い合っていた――たくましい肩をした30歳ほどの男性と、最新流行の服を着た美しい娘。

「きれいな方ですね」ポアロが言った。「ご夫婦でしょうか？」

「そうです。たしか、ハンガリー大使夫妻です」ブークが答えた。

食堂車にはあとふたりの客がいた。若いアメリカ人のマックィーンと邪悪な顔のラチェット氏だ。昨夜、ポアロはマックィーンからラチェットの秘書をしていると聞いていた。

テーブルごとに食堂車から乗客が出て行った。そのうち、残っているのはポアロ、ラチェット、マックィーンだけになった。ラチェットがマックィーンに何かささやくと、彼は立ち上がって出て行った。そのあと、驚いたことに、ラチェットがポアロのテーブルにやって来て腰かけた。

「わしはラチェットという者だ」彼が言った。「たしかあんたはエルキュール・ポアロさんとお見受けするが」

波洛微微鞠了一躬。

"你是个侦探吧，波洛先生。"雷切特说。"我有活儿想请你干。"

"很抱歉，我最近很少接活。"波洛回答道。

"放心，报酬少不了你的。"他说。"绝对少不了。我是个有钱人。像我这样的人有很多敌人。"

波洛没有言语。

"他们想要我的命，波洛先生。当然，我可以保护自己。"雷切特从上衣口袋里亮出一把手枪，晃了一晃。

"不过，小心无大错。所以我需要你做我的保镖。"

波洛盯着对方邪恶的小眼睛。

"恐怕我不能接受你的要求。"波洛终于开口了。

雷切特说："我可是说过我不差钱的。"

波洛站了起来。

"我想你没有明白我的意思。这不是钱的问题。只是我很反感你而已。"

说完之后，波洛便离开了餐车。

■ 侦探 探偵 ■ 活儿 仕事 ■ 报酬 報酬 ■ 言语 話す、しゃべる ■ 保护 守る ■ 上衣 上着
■ 口袋 ポケット ■ 小心无大错 用心に越したことはない ■ 保镖 用心棒、ボディーガード
■ 恐怕 残念ですが、恐らく ■ 不差钱 金のことなら問題ない ■ 反感 気に食わない

　ポアロは軽くお辞儀をした。

　「あんたは探偵だな、ポアロさん」ラチェットが言った。「やってもらいたい仕事がある」

　「残念ですが、最近はほとんど仕事をお引き受けしておりません」ポアロが答えた。

　「しかし、お礼はたっぷりはずみますぞ」彼は言った。「たっぷりですぞ。わしは大金持ちだ。そういう立場にいる者には敵も多い」

　ポアロは黙っていた。

　「命を狙われているのだよ、ポアロさん。もちろん、自分の身を守ることはできるがね」ラチェットは上着のポケットからピストルを取り出し、ちらっと見せた。「だが、用心に越したことはない。そこで、あんたに護衛してもらいたいわけだ」

　ポアロは男の邪悪な小さな目をじっと見つめた。

　「残念ですがお引き受けできませんな」ポアロがようやく口を開いた。

　「礼はいくらでもすると言っているのだぞ」ラチェットが言った。

　ポアロは立ち上がった。

　「おわかりになっていないようですな。金の問題ではないのです。ただ、あなたが気に食わないだけなのです」

　そう答えると、ポアロは食堂車から出て行った。

第四章
午夜的叫声

　　东方快车于晚上八点三十分抵达贝尔格莱德站。列车将于次日上午九点十五分发车，因此波洛决定趁此机会舒展一下身体。此时，列车员也在外面做着一些拉伸运动。列车员看见波洛便停下运动，上前和他搭话。

　　"我们已经把这辆车和另一辆从雅典开来的卧铺车连在一起了。"列车员说："布克先生已经转去那边住了，我带您去他之前住的房间。"

　　波洛向列车员表示感谢，然后去找布克道谢。

　　"真是让你费心了。"波洛说。

　　"哪里的话！是我更喜欢这边。这个车厢可安静了。除了我之外就只有希腊来的医生。"

　　波洛的新房间旁边是雷切特先生的房间，再过去是一位名叫赫伯德的美国老太太的房间。赫伯德太太当时正在走廊上和一个瑞典女人说话。

■趁此机会 この機会に　■舒展身体 脚を伸ばす　■拉伸运动 ストレッチ　■搭话 話しかける　■雅典 アテネ　■道谢 お礼を言う　■费心 お世話になる　■安静 静か　■只有 だけ　■医生 医者　■老太太 年配の女性　■走廊 廊下

第4章
深夜の叫び

　オリエント急行は午後8時30分にベオグラード駅に到着した。発車は9時15分の予定だったので、ポアロはこの機会に脚を伸ばすことにした。外では、車掌も少し体操をしていた。車掌は体操を止めてポアロに話しかけた。

　「アテネから来た別の寝台車が連結されました。ブークさまがそちらに移られましたので、お客さまをブークさまが使っておられたお部屋に案内します」車掌が言った。

　ポアロは車掌に礼を言い、その後ブークのところに行って礼を言った。

　「わざわざすまないね」ポアロは言った。

　「とんでもない！　わたしはこちらのほうがいいのです。この列車は静かですよ。何しろ、わたしのほかにギリシャ人の医師だけですから」

　ポアロの新しい部屋の隣はラチェット氏の部屋で、その向こうに年配のアメリカ人女性、ハバード夫人の部屋があった。夫人は通路でスウェーデン人女性と話していた。

当麦奎恩走进车厢时，波洛叫住了他，并解释说自己已经搬到了另一个房间。麦奎恩与波洛握了握手，便向对面走了过去。

那个长相酷似山羊的女人走后，赫伯德太太便转头看向波洛。

赫伯德太太低声说道："这听起来可能有些荒唐，但我觉得那个房间里的人很可怕。"她指着雷切特的房门说，"那个人看起来是个坏蛋。昨晚我好像听到他在转动通往我房间的门把手。把我吓坏了！以至于昨晚我还把门用铁链给锁上了！哎呀，到该睡觉的时间了。"

"晚安，夫人。"波洛边说边鞠了一躬。他回到自己的房间，马上就睡着了。

波洛半夜醒来。他听到附近传来喊叫声。与此同时，客房服务铃急促地响了起来。

波洛下了床，打开门向外张望。火车是停着的——也许已经到站了。列车员急匆匆地从过道走来，并在雷切特的房门上敲了几下。波洛瞪大了眼睛一直瞧着。

列车员再次敲了敲门。这时铃声又一次响起，在很远的地方的门上亮起了一盏灯。与此同时，雷切特的房间里传来了法语的回答，"没什么事。是我搞错了。"

"明白了。"列车员回答道，便匆匆赶往另一个响铃的房间。

波洛回到床上，看了一眼手表，正好是十二点四十分。

■ 叫住 呼び止める ■ 对面 向こう ■ 荒唐 ばかげている ■ 可怕 怖い、恐ろしい ■ 转动 回す ■ 把手 取っ手 ■ 睡着 眠る ■ 半夜 夜中 ■ 喊叫声 叫び声 ■ 客房服务 ルームサービス ■ 张望 あたりを見回す ■ 急匆匆地 大急ぎで ■ 敲 （ドアなどを）叩く ■ 响 鳴る ■ 回答 返事 ■ 搞错了 間違った ■ 手表 腕時計

　マックィーンが列車に入って来ると、ポアロはしばらく呼び止め、別の部屋に移ったことを説明した。マックィーンはポアロと握手すると、向こうへ歩いて行った。

　ハバード夫人は、羊に似た女性が立ち去ると、ポアロの方を向いた。

　夫人は低い声で言った。「ばかげているかもしれませんが、わたくし、あの部屋にいる男が怖いのです」と言って、ラチェットのドアを指さした。「あの男は悪者に見えます。昨夜、わたくしの部屋に通じるドアの取っ手を回す音が聞こえた気がしましたの。なんて恐ろしいこと！　ですから、昨夜はドアに鎖までかけましたの！　あら、もう寝る時間ですわね」

　「おやすみなさい、奥さま」ポアロはお辞儀をしながら言った。自室に戻ると、たちまち眠ってしまった。

　ポアロは真夜中に目を覚ました。どこか近くから叫び声が聞こえた。それと同時に、ルームサービスのベルが鋭く鳴った。

　ポアロはベッドから降りると、ドアを開けて外をのぞいた。列車は止まっていた――おそらく、駅に着いたのだろう。車掌が通路を大急ぎで駆けて来て、ラチェットのドアを叩いた。ポアロはそれをじっと見ていた。

　車掌はもう一度ドアを叩いた。またベルが鳴り、ずっと先のドアの上で明かりがついた。それと同時に、ラチェットの部屋からフランス語の返事が聞こえた。「何でもない。間違っただけだ」

　「わかりました」車掌は答えると、ベルが鳴った別の部屋に駆けつけた。

　ポアロはベッドに戻り、ちらっと時計を見た。12時40分だった。

第五章
罪行

　　波洛试图再次入睡，但怎么也睡不着。隔壁房间传来各种声音——流水声、水花飞溅声、有人走动的声音。此时过道传来一阵脚步声。然后就是铃声！有人按铃的声音。铃声一直在继续——铃！铃！铃！波洛想，一定是发生了什么大事件。

　　过道上传来一阵急促的脚步声后，可以听到赫伯德太太与列车员交谈。赫伯德太太滔滔不绝地说了很久。最后，听到列车员说"晚安，赫伯德太太。"

　　波洛口渴难耐，于是按下了电铃。列车员走了过来，但他情绪激动，似乎在担心着什么。

　　"请给我拿瓶水。"波洛说。当列车员送来水时，也许是波洛和蔼的态度让他的心情有所缓和，他突然表达起自己的担忧来了。

　　"那位美国太太也太不让人省心了！"列车员说，"她硬说自己房间里有个男的！这么小的地方，谁能躲得进去？我明明已经让雪的事情伤透了脑筋……"

■ 试图 ～しようとする ■ 睡不着 眠れない ■ 隔壁 隣 ■ 脚步声 足音 ■ 滔滔不绝 ぺらぺら(しゃべる) ■ 情绪激动 気が高ぶっている ■ 缓和 落ち着く、やわらぐ ■ 担忧 心配事 ■ 省心 心配がいらない ■ 硬说 言い張る ■ 躲 隠れる ■ 伤(透了)脑筋 ～で頭がいっぱい、～で(非常に)困っている

第5章
犯行

　もう一度寝ようとしたが、なかなか寝つけなかった。隣の部屋からいろいろな音が聞こえてくる——水が流れる音、水がはねる音、そして誰かが動き回る音。通路を歩く足音がする。そのあとでリン！　と誰かがベルを鳴らす音。ベルの音はつづいた——リン！　リン！　リン！　何か重大なことが起こっているに違いないと、ポアロは思った。

　通路を急いで駆けて来る足音がしたあと、ハバード夫人が車掌に話している声が聞こえた。夫人は長いあいだ、ガミガミとまくし立てていた。とうとう「おやすみなさいませ、奥さま」という車掌の声が聞こえた。

　ポアロは喉が乾いたので、ベルを押した。車掌がやって来たが、気が高ぶっていて、何か心配しているようだった。

　「水を1本頼みます」ポアロは言った。車掌は水を持って来ると、ポアロの親切な態度に気持ちがやわらいだのか、ふと心配事をもらした。

　「まったくもってあのアメリカのご婦人は！」車掌が言った。「自分の部屋に男がいると言い張るのです！　あんな狭いところに、誰が隠れることができるというのです？　すでに雪のことで頭がいっぱいだというのに……」

"你说的是雪?"

"您没听错。是我们撞上雪堆了。"

现在终于知道火车为什么会停了。

"我也不知道这种情况会持续多久。"列车员说,"我以前曾经在雪地里被困过七天。"

波洛道了晚安,喝了几口水,正迷迷糊糊要睡着的时候,被重物撞门的声音惊醒。

波洛跳起来打开了门。然而,什么也没有。只看见一个身穿红色长袍的女人向远处走去。列车员则坐在对面边上的一个小座位上。

"我一定是做梦了。"波洛躺在床上回忆道。这次他睡得很香。

第二天早上,餐车里人声嘈杂,议论纷纷。火车依旧停在原地,所有乘客都在互相抱怨。

一位卧铺车厢的列车员向波洛走来。

"波洛先生,布克先生有事想对您说。"列车员说。

穿过那节从雅典出发的几乎空无一人的车厢,波洛跟着列车员来到了布克的房间。在那里,布克和一个小个子男人以及从伊斯坦布尔到加莱列车的列车员坐在一起。

"啊,我的朋友!我需要你的帮助。"布克说,"昨晚发生了一件棘手的事。首先是这场雪。接着就是……雷切特先生被谋杀了。他在床上被刺死了!"

■雪堆 雪だまり ■迷迷糊糊 うつらうつら ■长袍 ガウン ■做梦 夢を見る ■嘈杂 騒がしい ■抱怨 文句を言う ■棘手的 やっかいな ■谋杀 謀殺する

「雪ですって？」

「そうなんです。雪だまりに突っ込んでしまいましてね」

これで、列車が止まった理由がわかった。

「いつまでこんな状態がつづくか見当もつきません」車掌が言った。「以前に7日間、雪に閉じ込められたことがあります」

ポアロはおやすみの挨拶をして、水を飲み、うつらうつらしかけたときに、何か重いものがドアにぶつかる音で目が覚めた。

ポアロは跳び上がってドアを開けた。ところが、何もなかった。ただ、赤いガウンを着た女性が遠ざかって行くのが見えた。車掌は反対側の端にある小さな席に座っていた。

「夢でも見たのだろう」ポアロは思い直し、ベッドに横になった。今回は眠ることができた。

次の朝、食堂車は話し声で騒がしかった。列車は止まったままで、乗客はみな、互いに文句を言い合っていた。

寝台車の車掌のひとりが、ポアロに近づいてきた。

「ポアロさま、ブークさまがお話ししたいことがあるとおっしゃっています」車掌が言った。

ポアロは車掌のあとについて、ほとんど空に近いアテネからの車両内にあるブークの部屋に行った。そこにはブークが小柄な男と、イスタンブール‐カレー間の車両の車掌といっしょに座っていた。

「ああ、友よ！　あなたの助けが必要です」ブークが言った。「昨夜、やっかいなことが起こりました。最初に、この雪です。そして次には……なんと、ラチェット氏が殺されました。ベッドの上で刺されていたのです！」

波洛的眉毛高高地挑了起来。

"情况很严重啊。"他说。

"没错。我们不知道还要在雪中困多久。大多数情况下，当火车经过一个国家时，该国的警察都会上车。但在南斯拉夫，出于政治原因，警察不会来。你明白吗？"

波洛点了点头。

"据这位康斯坦丁医生分析说，"小个子男人点了点头，"死亡时间是昨夜十二点到凌晨两点之间。"

康斯坦丁医生说："窗户大开着。凶手可能是从窗户逃走的。但如果他是从窗户跳下去的，雪地上就会留下他的脚印。然而，我们什么也没有发现。"

"这起案件是怎么被发现的？"波洛问道。

列车员回答道。

"因为雷切特先生没去吃早餐，所以我就前去查看。我试着开门，但门是锁着的，里面还拴着铁链。敲门也没有人应答，房间里似乎很冷。于是我和列车长剪断铁链进了房间。我的妈呀！多么可怕的景象！"

■ 严重 深刻だ　■ 南斯拉夫 ユーゴスラビア　■ 点头 うなずく　■ 窗户 窓　■ 脚印 足跡
■ 早餐 朝食　■ 剪断 断ち切る　■ 景象 光景

ポアロの両眉が高く上がった。

「深刻な事態ですな」彼は言った。

「その通りです。いつまでこの雪に閉じ込められているかわかりません。たいていは、列車が国を通過するとき、その国の警察が乗り込んで来ます。しかし、ここユーゴスラビアでは政治的な理由で、警察は来ません。おわかりいだだけますか？」

ポアロはうなずいた。

「こちらのコンスタンチン医師のご意見では」小柄な男がうなずいた。「死亡時刻は、昨夜の12時から午前2時までのあいだということです」

「窓は大きく開いていました」コンスタンチン医師が言った。「おそらく犯人は窓から逃げたと思われます。しかし、窓から飛び下りるとなると、雪の上に足跡が残るはずです。ところが、何も見当たらないのです」

「どのように犯行が発覚したのですか？」ポアロが尋ねた。

車掌が答えた。

「ラチェットさまが朝食にいらっしゃらないので、調べに参りました。ドアを開けようとしたのですが、なかから錠がかかっていて、鎖もかけられていました。お返事がなく、部屋がとても冷えているようでした。それで、列車長とわたしとで鎖を切ってなかに入りました。ああ！　なんとも恐ろしい光景でした！」

"雷切特被刺了十二刀，"医生说，"而且刺的方式也很奇怪。有些伤口很深，有些很浅。凶手好像是闭着眼睛胡乱地一遍又一遍地刺他。"

"雷切特先生昨天跟我说过，"波洛说，"他说有人想要他的命。"

"哦，我的朋友，帮我一把吧。"布克说。"我会提供你所需要的一切，让你把这个案子办好的。"

"当然，我会处理好的。"波洛回答道。"我会尽我所能帮忙的。首先，请告诉我这列火车上乘客的情况。"

"康斯坦丁医生和我是这节车厢里唯一的乘客。从布加勒斯特来的那节车厢里还有一位腿脚不便的老人。后面还有几节车厢，但自从昨天晚餐后就一直锁着。从伊斯坦布尔到加莱的车厢前面只有一节餐车。"

"多谢。在我看来，"波洛说，"凶手就在从伊斯坦布尔到加莱的车厢里。我们需要询问这节车厢里的所有人。我需要确认每个人的护照，并在餐车进行调查。"

■ 胡乱地 やみくもに　■ 一遍又一遍地 何度も何度も　■ 腿脚不便的 足の不自由な　■ 锁着 鍵をかけている　■ 凶手 犯人　■ 护照 パスポート

「ラチェットは12回、刺されていました」医師が言った。「それも、とても奇妙なやり方なのです。深い傷もあれば、とても浅い傷もありました。まるで犯人が目を閉じて、やみくもに何度も何度も刺したように見えます」

「ラチェット氏は昨日わたしに話しかけてきました」ポアロが言った。「命を狙われていると言っていました」

「ああ、友よ、手を貸してください」ブークが言った。「この事件を正しく解決するために必要なものは何でも提供します」

「もちろん、お引き受けします」ポアロが答えた。「できることは何でもいたしましょう。まず、この列車の乗客について教えてください」

「この車両の乗客はコンスタンチン医師とわたしだけです。ブカレストから来た車両には足の悪い老人がひとり乗っています。その向こうにも数両の車両がありますが、昨日の夕食後は鍵をかけています。イスタンブール－カレー間の車両の前にあるのは食堂車のみです」

「どうも、わたしには」ポアロが言った。「犯人はイスタンブール－カレー間の車両にいるように思われます。この車両のすべての人に質問する必要があります。全員のパスポートと、調査のために食堂車を使えるようにお願いしたい」

第六章
女人？

　　波洛决定先询问雷切特的秘书，于是将麦奎恩叫到了布克的车厢上。

　　麦奎恩一脸好奇地来到了车厢入口。

　　"先生们，我能为你们做些什么？"他问道。

　　"昨晚出了点事。"波洛回答道，"你的雇主雷切特先生死了！"

　　"他们终究还是下手了呀。"麦奎恩喊道。

　　这一次，轮到波洛好奇地看着麦奎恩。

　　"你这话是什么意思？"

　　"他难道不是被谋杀的吗？"

　　"是的。我就是被指派调查此案的侦探。"波洛说。"你怎么知道雷切特是被谋杀的？"

■ 询问 質問する　■ 雇主 雇い主　■ 下手 取りかかる　■ 指派 指定する、委ねる

第6章
女？

　ポアロは最初にラチェットの秘書に質問することに決め、マックィーンをブークのいる車両に呼んだ。

　マックィーンは好奇心を浮かべて、入り口に現れた。

　「みなさん、わたしに何のご用でしょうか」彼は尋ねた。

　「昨夜、あることが起こりましてね」ポアロが答えた。「あなたの雇い主のラチェット氏が亡くなりました！」

　「ついに、やつらにやられたんですね！」マックィーンが叫んだ。

　今度は、ポアロが好奇心に駆られて、マックィーンを見つめた。

　「それはどういう意味ですか？」

　「彼は殺されたんじゃないんですか？」

　「そうです。わたしがこの事件を取り調べることになった探偵です」ポアロが言った。「どうしてラチェットが殺されたことがわかりました？」

"我受雇于雷切特将近一年了。"麦奎恩说，"他和我一样都是美国人。我们是在波斯认识的，他邀请我做他的秘书，我就接受了。从那时起，我们就一直在一起旅行。他需要我，因为他不会说外语。上周我们收到了两封恐吓信。我拿给你们看。"

麦奎恩离开后不久就带着两封信回来了。第一封信中写道：

"你以为你能骗过我们，逃之夭夭？没那么容易。我们要来抓你了，雷切特！"

第二封信说：

"我们马上就到你那儿了。我们要杀了你！"

"我明白了。"波洛说。"那雷切特读信时是什么反应？"

"他只是以他惯常的方式低声笑了笑。但对我来说，这只是表象，他看起来内心怕极了。"

■ 将近 ～近く　■ 接受 引き受ける　■ 需要 必要とする　■ 外语 外国語　■ 恐吓信 脅迫状
■ 逃之夭夭 雲隠れをする　■ 抓 捕まえる　■ 内心 本心

「ラチェットに雇われて1年近くになります」マックィーンが言った。「彼はわたしと同じアメリカ人です。わたしたちはペルシアで出会い、そのとき秘書にならないかと誘われたので、引き受けることにしました。それ以来いっしょに旅行しています。彼はまったく外国語を話せないので、わたしが必要なのです。この1週間に、脅迫状を2通受け取っています。それをお見せしましょう」

マックィーンは出て行き、2通の手紙を持ってすぐに戻って来た。最初の手紙には、こう書いてあった。

> 「われわれを欺いて逃げおおせると思っているのか？ そうはいかない。おまえを捕まえに行くぞ、ラチェット！」

次の手紙には、こう書いてあった。

> 「もうすぐおまえのところに行く。おまえを殺す！」

「なるほど」ポアロが言った。「ラチェットは手紙を読んでどんな反応をしましたか？」

「いつもの調子で静かに笑っただけでした。でも、わたしにはそれはうわべだけで、本心は怖がっているように見えました」

"你喜欢你的雇主吗，麦奎恩先生？"

麦奎恩想了一会儿。

"不喜欢。"

"为什么？"

"你知道，他虽然总是对我很好，但我不信任他。他一定是个危险人物。雷切特应该不是他的真名。我觉得他在欧洲到处旅行是因为他不能呆在美国——也就是说他在逃避着什么。"

"我明白了。我再问你一个问题。你最后一次看到雷切特活着是什么时候？"

"昨晚十点左右。我去他的房间写备忘来着。"

"谢谢。暂且先到这里吧。"波洛说完，麦奎恩就离开了房间。

"你相信他说的话吗？"布克问道。

"他看上去很诚实。坦率承认他不喜欢雷切特，丝毫不感到害怕，也没有任何负罪感。"波洛回答说，"但我还是会怀疑每个人，直到最后。"

"你说的对。"布克说。"能做出这种事的一定是个容易上头的，脑子有问题的人。绝对是个女人，没错！"

■ 喜欢 好き　■ 真名 本名　■ 呆在～ ～にいる　■ 活着 生きている　■ 写备忘 メモを取る
■ 暂且 とりあえず、一応　■ 相信 信じる　■ 诚实 正直　■ 坦率 率直　■ 丝毫不～ ちっとも
～しない　■ 负罪感 罪の意識　■ 怀疑 疑う　■ 上头 かっとなる　■ 脑子有问题 頭がおかしい
■ 没错 間違いない

「あなたは雇い主を好きでしたか、マックィーンさん？」

マックィーンは少しのあいだ考えた。

「いいえ」

「どうしてですか？」

「あのう、彼はいつもわたしに親切でしたが、信用できませんでした。彼は、危険な人間に違いありません。ラチェットというのは本名ではないでしょう。ヨーロッパ中を旅しているのは、アメリカにいられないからだと思います——何かから逃げているのです」

「なるほど。もうひとつ伺います。ラチェットの生きている姿を最後に見たのはいつですか？」

「昨夜の10時ごろです。メモを取るために、彼の部屋に行きました」

「ありがとう。いまのところ、これで終わりです」ポアロが言うと、マックィーンは部屋から出て行った。

「彼の言うことを信じますか？」ブークが訊いた。

「なかなか正直そうに見えます。ラチェットを好きでなかったことを、なんの恐れも罪の意識もなく率直に認めました」ポアロが答えた。「しかしわたしは、最後の最後まで、すべての人間を疑うことにしています」

「そうですね」ブークが言った。「こんなことができるのは、すぐにかっとなる、頭のおかしな人間でしょう。もちろん、女に決まっています！」

第七章
尸体

　　接着，波洛和康斯坦丁医生来到死者的房间。波洛立刻发现房间里很冷。窗户大开着。外面覆盖着厚厚的一层白雪。

　　"和您说的一样。"波洛说，"像这种情况不可能有任何人从窗户出去。"

　　波洛关上窗户，把目光转向躺在床上的尸体。雷切特的睡衣被医生敞开着。

　　波洛蹲在尸体旁观察了一会儿。

　　"有十二处伤口。"波洛说。

　　"有一两处伤口就像擦伤一样浅。"康斯坦丁说，"但至少有三处是致命伤。另外，这两处伤虽说很深，但伤口并没有开裂，也没有流血。"

　　"您这话是什么意思？"

　　"我的意思是，他在被刺之前不久就已经死了。"

■ 发现 気づく、発見する　■ 覆盖 覆う　■ 目光 目線　■ 躺 横たわる　■ 尸体 死体　■ 蹲 かがみ込む、しゃがむ　■ 擦伤 かすり傷　■ 开裂 裂ける　■ 已经 すでに

第7章
死体

　次に、ポアロはコンスタンチン医師と死んだ男の部屋に行った。ポアロはすぐに部屋が冷え切っていることに気づいた。窓が大きく開いていた。外は一面の雪で覆われていた。

　「おっしゃる通りでした」ポアロが言った。「これでは誰も窓から出て行くことはできないでしょう」

　ポアロは窓を閉めて、ベッドに横たわっている死体に注意を向けた。ラチェットのパジャマのシャツは医師によって大きく開かれていた。

　ポアロは死体の上にかがみ込んで観察した。

　「傷が12か所」ポアロが言った。

　「ひとつふたつの傷は、かすり傷のように浅いものです」コンスタンチンが言った。「けれども、少なくとも3か所の傷が死因になっています。それと、こっちの2か所の傷は深くえぐられています。しかし切口が開いていません、出血していないのです」

　「それはどういうことですか？」

　「つまり、刺される少し前には、死んでいたということです」

"这很奇怪啊。"波洛表示同意。

"你再看看这个伤口。就在右臂的下方。拿着我的铅笔，你自己试试——你能刺出这样的伤口来吗？"

波洛用铅笔试了试。

"原来如此。"他说。"用右手很难做到。但用左手就容易多了。"

"没错。这个伤口几乎可以肯定是用左手所为。但其他伤口肯定是用右手刺的。"

"凶手难道是两个人……"波洛喃喃道。"还有什么其他线索表明有两个人参与了这起犯罪？"

"嗯，正如我之前所说，有些伤口刺得很浅，有些则很深。"

"我们这位凶手既强也弱。他既是右撇子又是左撇子。真搞不明白！"波洛喊道。"此外，被害人在被刺的整个过程中都静静地躺在那里。他没有尖叫，也没有试图自卫。"

波洛从枕头底下找到了雷切特的手枪。子弹都还在里面。小桌上放着各种东西——一个空杯子、一个装有水的瓶子、一个装着雪茄烟蒂的烟灰缸、一张燃烧过的纸片和两根火柴棍。康斯坦丁拿起杯子闻了闻。

■右臂 右腕 ■铅笔 鉛筆 ■肯定 絶対に ■难道 もしかしたら ■喃喃道 つぶやく ■线索 手がかり ■表明 示す ■左撇子 左利き ■尖叫 叫ぶ ■试图 〜しようとする ■自卫 自衛する ■枕头 枕 ■子弹 弾丸 ■杯子 コップ ■雪茄烟 葉巻 ■烟灰缸 灰皿 ■火柴 マッチ ■闻 嗅ぐ

「どうも変ですな」ポアロが同意した。

「それにこの傷を見てください。右腕の下のところです。わたしの鉛筆を持って、ご自分で試してください――こんな傷をつけることができますか？」

ポアロは鉛筆を持って試してみた。

「なるほど」彼は言った。「右手ではとても難しい。でも左手でなら簡単です」

「その通りです。この傷は、ほぼ左手によるものでしょう。しかし、残りの傷は、間違いなく右手によるものです」

「犯人はふたりか……」ポアロがつぶやいた。「ふたりの人間がこの犯罪に関わったことを示すものはほかにありませんか？」

「そうですね、前にも言いましたように、傷には刺し方が弱いものあれば、非常に強いものもあります」

「われわれの殺人者は強くて弱い。右利きであり左利きでもある。わけがわかりませんな！」ポアロが叫んだ。「しかも、被害者は刺されているあいだずっと静かに横たわっていた。叫びもせず身を守ろうともしなかった」

ポアロは枕の下に手を入れて、ラチェットのピストルを見つけた。弾丸は全部こめてあった。小さなテーブルの上には、いろいろな物が置かれていた――空のコップ、瓶に入った水、灰皿には葉巻の吸い殻が1本、焦げた紙片、マッチの燃えさしが2本。コンスタンチンはコップを手に取り、においを嗅いだ。

"他在吃药。"医生说。

波洛点点头，从烟灰缸的烟灰里拿起两根火柴。

"这两根火柴不一样。"波洛说。"这根纸制火柴是从火柴盒上撕下来的，而这根火柴是木制的。"

波洛翻开雷切特的衣服口袋，掏出一盒木制火柴。

"雷切特用的是木制火柴。让我们看看能不能找到纸制火柴的线索。"

两个人四处寻找，却一无所获。但是，波洛却在地板上发现了一块女士手帕。这块手帕看起来很昂贵，上面还印着大写字母H。波洛再次用敏锐的目光扫视地板，又捡到了一件东西。

"这是一个烟斗清洁器！这不是雷切特的东西。他没有烟斗，你知道的。这条线索说明凶手是个男人，而手帕则说明凶手是个女人。确实，线索太多了！"波洛说。

与此同时，医生正在检查尸体睡衣的口袋。

"啊！"医生大声喊道，"是一块表！"

这块表坏了，指针停在了凌晨一点十五分。

康斯坦丁说："这一定是案发时间，没错了。"

■撕 ちぎる ■口袋 ポケット ■掏出 引っ張り出す ■寻找 探す ■昂贵 高価 ■敏锐 鋭い ■地板 床 ■捡 拾う ■烟斗 パイプ ■清洁器 クリーナー ■指针 （時計などの)針 ■案发时间 犯行時刻

「薬を飲んでいます」医師が言った。

ポアロはうなずくと、灰皿のなかの燃えさしの 2 本のマッチをつまみ上げた。

「この 2 本は種類が違います」ポアロが言った。「この紙製マッチはブックマッチからちぎり取られていて、こっちのマッチは木製です」

ポアロはラチェットの服のポケットを探り、木製マッチの箱を引っ張り出した。

「ラチェットが使っていたのは木製マッチです。紙製マッチについて何か見つからないか調べてみましょう」

ふたりはあちこち捜したが何も見つからなかった。その代わり、ポアロは床に落ちている婦人用ハンカチを見つけた。高価そうなハンカチで、H のイニシャルがついていた。ポアロは、またもや鋭い目で床をくまなく調べ、別の品物を拾い上げた。

「パイプ・クリーナーです！　ラチェットのものではないですな。パイプを持っていませんからね。この手がかりは犯人が男であることを示し、ハンカチは犯人が女であることを示しています。たしかに、手がかりが多すぎますな！」ポアロが言った。

そのあいだ、医師は死体のパジャマのポケットを調べていた。

「ああ！」医師が大きな声をあげた。「時計です！」

時計は壊れていて、針は午前 1 時 15 分を指して止まっていた。

「犯行時刻に違いありません」コンスタンチンが言った。

"的确如此。"波洛表示同意。"但这一切都太明显了。看上去就像有人故意把这些线索放在这里一样。这块手帕可能是一个男人放在这儿的,让它看起来像是一个女人干的。还有这个烟斗清洁器,会不会是一个女人放的,好让人以为是男人干的?"

波洛又看了看烟灰缸里烧焦的纸片。
"我需要两个女式帽盒。"波洛突然说道,并命令列车员从女士们都不在的房间里拿来两个帽盒。康斯坦丁不解地看着波洛打开箱子,查看帽子下面。

"有啦!"波洛举起一根编织成圆桩形状的铁丝惊呼道。"在老式的帽盒里,女士们习惯把帽子固定在这样的铁丝上,以保持帽子的形状。现在,我需要我的小火炉和熨胡子用的小铲子。"

波洛离开房间,拿着一对小铲子和一个台式小火炉回来了。
波洛点燃了火炉。接着,他把两堆铁丝压平,然后把那张烧过的纸轻轻放在两堆铁丝之间。然后用两把小铲子将其抬起,放在火焰上。
"我希望这能管用。"波洛说。过了一会儿,金属开始发出红光。医生饶有兴趣地看着这一切。不一会儿,就在他眼前开始出现字母。一个个火红的字母浮现在铁丝上。

——忘记……黛西·阿姆斯——

■ 明显 明白、明らか ■ 干 やる ■ 帽盒 帽子箱 ■ 打开 開ける ■ 编织 編む ■ 铁丝 針金
■ 胡子 口ひげ ■ 铲子 コテ ■ 压平 平らにする ■ 抬起 持ち上げる ■ 火焰 炎 ■ 浮现
浮かび出る

「たしかに」ポアロが同意した。「しかし、あまりに簡単すぎます。まるで誰かが意図的にこれらの手がかりをここに置いたように見えます。このハンカチは、男が、女の犯罪に見せようとしてここに置いたのではないでしょうか？　こちらのパイプ・クリーナーは、女が、犯人は男だと思わせようとしてここに置いたのではないでしょうか？」

ポアロはもう一度、灰皿のなかの焦げた紙片を見つめた。

「婦人の帽子箱が必要です」突然ポアロが言い出し、車掌に命じて、女性たちが出払っている部屋から帽子箱をふたつ持ってこさせた。コンスタンチンは戸惑いながら、ポアロが箱を開け帽子の下をのぞくのを見ていた。

「あったぞ！」ポアロは叫び、丸い山の形に編んだ針金を持ち上げた。「古風な帽子箱では、ご婦人たちはこんな形の針金の上に帽子を留めて、形を整えていました。さて、わたしの小さなコンロと口ひげ用のコテが必要です」

ポアロは部屋を出て、一対のコテと、卓上コンロを持って戻って来た。

ポアロはコンロに火を点けた。次に、2つの針金の山を平らにし、そのあいだに焦げた紙片をそっとはさんだ。これを2本のコテで持ち上げ、炎にかざした。

「うまくいくといいのですが」ポアロが言った。しばらくすると、金属が赤く輝き出した。このようすを興味津々で見守っていた医師の目の前に、文字が現れ始めた。燃えるような赤い文字が針金の上に浮かび出た。

——忘れ ‥‥‥ デイジー・アームス——

"原来如此!"波洛惊呼道。

"这几个词有什么含义吗?"康斯坦丁问道。

"当然。"波洛回答道。"我现在知道了死者的真名,也知道了他为什么要离开美国。他的名字叫卡塞蒂。不过这件事我稍后再和你说。现在,我们先找找其他可能有用的东西。"

他们俩环顾了一下房间。波洛试图打开通往隔壁房间的门,但门从另一侧锁上了。

康斯坦丁说:"凶手是如何逃出去的仍然是个谜。他不可能从窗户逃走。此外,前门是从里面锁上的,而通往隔壁房间的门是从另一侧锁上的。"

"要是,"波洛说,"能搞清楚就有意思了。"

■ 词 言葉、単語 ■ 含义 意味 ■ 稍后 後で ■ 环顾 見回す ■ 仍然 未だに ■ 搞清楚 明らかにする ■ 有意思 面白い

「そうか！」ポアロが叫んだ。

「この言葉に意味があるのですか？」コンスタンチンが訊いた。

「ありますとも」ポアロが答えた。「死んだ男の本名と、なぜアメリカを去らなければならなかったかわかりました。彼の名前はカセッティです。しかし、そのことは、後でお話しします。当面は、ほかに役に立つものがないか捜してみましょう」

ふたりは部屋を見回した。ポアロは隣室に通じるドアを開けようとしたが、向こう側から錠がかかっていた。

「犯人がどうやって出て行ったか、依然として謎ですね」コンスタンチンが言った。「窓からは逃げられない。それに、正面のドアには内側から鎖がかかっていますし、隣室に通じるドアは向こう側から錠がかかっています」

「それを」ポアロが言った。「解き明かすことができれば面白いでしょうな」

第八章
阿姆斯特朗绑架案

当波洛和康斯坦丁回到布克的房间时，布克正在喝咖啡。

"我们有了一个好的开头。"波洛坐下来说道。"我们已经确定了雷切特的身份。你在报纸上读到过阿姆斯特朗绑架案的消息吗？"

"略知一二。"布克回答道。

波洛开始解释。

"战争英雄阿姆斯特朗上校娶了琳达·阿登的女儿。琳达·阿登是当时美国著名的女演员。他们有一个女儿，名叫黛西。黛西三岁时被绑架。绑匪索要巨额赎金。阿姆斯特朗夫妇付了钱，但女孩还是被杀害了。当时，阿姆斯特朗夫人已经怀孕。然而，由于受到了巨大的打击，阿姆斯特朗夫人在分娩时难产而死。上校悲痛欲绝，用手枪结束了自己的生命。"

■ 咖啡 コーヒー ■ 开头 出だし、滑り出し ■ 身份 身分 ■ 报纸 新聞 ■ 读 読む ■ 绑架 诱拐 ■ 消息 情報 ■ 略知一二 少し知っている ■ 解释 説明する ■ 娶 嫁にする ■ 女儿 娘 ■ 女演员 女優 ■ 绑匪 誘拐犯 ■ 索要 強要する、ゆする ■ 赎金 身代金 ■ 怀孕 妊娠する ■ 结束 終わりにする

第8章
アームストロング誘拐事件

　ポアロとコンスタンチンがブークの部屋に戻ると、ブークはコーヒーを飲んでいた。

　「順調な滑り出しです」そう言ってポアロは腰かけた。「ラチェットの身元がわかりました。アームストロング誘拐事件のことを新聞で読んだことがありませんか？」

　「ほんの少しだけなら」ブークが答えた。

　ポアロが説明した。

　「アームストロング大佐は、戦争の英雄で、リンダ・アーデンの娘と結婚しました。リンダ・アーデンというのは当時の有名なアメリカ女優です。ふたりには娘がひとりいて、名前をデイジーといいました。デイジーが3歳のとき誘拐されました。誘拐犯は巨額の身代金を要求しました。アームストロング夫妻はお金を払いましたが、女の子は殺されて発見されました。そのころ、アームストロング夫人は妊娠していました。ところが、あまりの衝撃に、夫人はお産で赤ん坊とともに亡くなってしまいました。大佐は悲嘆のあまり、ピストルで命を絶ちました」

"我想起来了！"布克说。"是不是还有一个人也死了？"

"是的。她是法国或瑞士籍的保姆。警方怀疑她与这起事件有关。在绝望中，保姆跳窗自杀了。后来发现她是无辜的。

六个月后，卡塞蒂和他的团伙受到审判。他还被指控绑架和谋杀其他儿童——显然他参与了多起犯罪活动。然而，卡塞蒂利用自己的钱财和关系被无罪释放。随后，他改名为雷切特，并离开美国，过上了旅行和享乐的生活！"

"这个禽兽！"布克说。
"但是，这件谋杀案是卡塞蒂过去背叛的黑帮分子所为，还是基于个人恩怨的复仇呢？"
"黛西·阿姆斯特朗的亲属现在还有人活着吗？"

"不太清楚。但阿姆斯特朗夫人应该有个妹妹。"

■保姆 子守、ベビーシッター ■怀疑 疑う ■无辜 無実 ■团伙 一味 ■指控 訴えられる
■儿童 児童 ■关系 縁故、コネ ■释放 釈放する ■享乐 享楽 ■禽兽 けだもの ■背叛
裏切る ■复仇 復讐

「思い出しました！」ブックが言った。「もうひとり亡くなった人がいましたね？」

「そうです。フランス人かスイス人の子守娘です。警察は彼女が事件にかかわっていると疑いました。子守は絶望して、窓から身を投げて自殺しました。あとになって無罪だったことがわかりました。

6か月後、カセッティとその一味が裁判にかけられました。彼はほかの子どもに対する誘拐や殺人でも訴えられていました——どうやら、たくさんの犯罪に手を染めていたようです。しかし、カセッティは自分の金と縁故を使って無罪になりました。そのあと、名前をラチェットに変えて、アメリカを去り、旅と享楽の日々を送っているのです！」

「けだものめ！」ブックが言った。

「ところで、この殺人事件はカセッティが過去に裏切ったギャング団によるものか、それとも個人的な復讐なのでしょうか？」

「デイジー・アームストロングの親戚のなかで、いまも生きている人はいますか？」

「よく知りません。たしか、アームストロング夫人には妹がいたはずです」

覚えておきたい中国語表現

她身材苗条，面容姣好，一头黑发。看上去顶多二十八九岁。
（p.10, 下から2-1行目）
女性はほっそりとして美しく、黒髪だった。20代後半のように見受けられた。

「顶多」は数量や時間の最大限度を表す副詞で、英語でよく使われる「at most」や「no more than」という意味に相当します。上のように年齢を推測するのに用いられるほか、以下のように数量や時間を限定するためにも使われます。

【例文】

① 这件衣服顶多值两百块钱。

　　この服は高くても二百元ぐらいの値打ちしかない。

　　※モノやサービスの値段に言及するときは「值 zhí」という動詞を使います。「这幅画很值钱（この絵には大きな価値がある）」のように、「值钱（値打ちがある）」という表現もよく使われます。

② 做完这套卷子顶多需要三个小时。

　　このテスト問題を解き終わるのに、長くても三時間はかからないだろう。

玛丽，要不是我连累了你……（p.12, 下から7行目）
メアリ、きみをこんなことに巻き込まなければ……

「要不是」は「もし〜でなければ」という仮定の意味を表す接続詞で、文の後半で「もしそれが実現しなかったらどうなっていたか」について述べます。例えば、上の文で省略された部分を補うとすれば、「玛丽，要不是我连累了你，你就不会变成杀人凶手。（メアリ、きみを巻き込まなければ、きみは殺人者にならなかった）」になると考えられます。

【例文】

① 要不是你来得及时，我早就死无葬身之地了。

　　もしあなたが間に合わなかったら、私は死んで埋もれていただろう。

　　※「死无葬身之地」を直訳すれば、「死んで埋もれていた」という恐ろしい意味になりますが、実際には比喩的に使われることが多いです。

② 要不是因为孩子上学的原因，我是不会搬家的。

子どもが学校に通うためでなければ、私は引っ越しはしなかっただろう。

谁也不会在这个时节出游。我敢说火车上肯定没有几个人。
（p.14, 下から 4-3行目）

こんな季節には、どなたさまも旅をなさいませんから。きっと、がら空きでございますよ。

「我敢说」は自分の意見や推測について、強い確信と自信を持っていることを表す口語表現です。話し手が自分の見解を述べる前に、それに対して強い確信を持つ根拠を予め提示する場合があります。

【例文】

① 李老师在这所学校都快教了一辈子中文了。我敢说，上他的课，你的中文水平一定会突飞猛进。

李先生は、ほぼ生涯この学校で中国語を教えている。 李先生の授業を受ければ、あなたの中国語は飛躍的に上達するに違いない。

※この例文では、話し手が李先生の授業を薦める前に、そうする理由、つまり「李先生がほぼ生涯この学校で中国語を教えている」という事実を話しています。

② 我敢说，她这次一定会通过考试的。

彼女は今度こそ試験に合格するに違いない。

和波洛一样，他也是比利时人，（p.16, 2-3行目）
ポアロと同じくベルギー人で、

「和〜一样, 也」は、ある人物や事物を別の人物や事物に例えて説明するときに使われる言い回しです。日本語に訳すと、「〜と同じように、〜も」という意味になります。

【例文】

① 这个男人和她的前任一样，也不是什么好东西。

この男は彼女の前彼と同じように、ろくな奴じゃない。

② 孩子和大人一样，也需要来自周围人的认可和肯定。

子供も大人と同じように、周囲からの評価や肯定を必要としている。

覚えておきたい中国語表現

> 波洛与他的朋友共进晚餐，一边聊着往事，一边环顾餐厅四周。
> （p.16, 8-9行目）
> ポアロは友人と夕食を食べ、昔のことをしゃべりながら、レストランを見回した。

「一边〜一边〜」は、2つの動作が同時に行われていることを表す重要な口語表現です。小説では、「ポアロが過去の話をしながら同時に周りの様子を見渡していた」というシーンを描くことで、ポアロの注意深さを示唆しています。

【例文】

① 一边吃饭一边看电视不是好习惯。
   ご飯を食べながらテレビを見るのは良い習慣じゃないよ。

② 你还记得小时候妈妈一边抚摸着你的头，一边给你讲故事吗？
   小さい頃、お母さんに頭を撫でられながら物語を聞かせてもらったことを覚えている？

③ 我一会得去对面楼开个会，我们边走边聊吧。
   この後、打ち合わせのために向かい側のビルに行かなきゃいけない。歩きながら話そう。

> 房间是七号房，双人间。（p.18, 5-6行目）
> 部屋は7号室で、ふたり部屋だった。

「双人间 shuāng rén jiān（ツインルーム）」のように、ホテルの客室のタイプを指す中国語表現はほかにも様々あり、状況に応じて使い分ける必要があります。出張や旅行などでよく使われるのは、「单人间 dān rén jiān（シングルルーム）」「大床房 dà chuáng fáng（ダブルルーム）」「三人间 sān rén jiān（トリプルルーム）」「家庭房 jiā tíng fáng（ファミリールーム）」などです。

さらに、ホテルを予約する際には、以下のような表現もよく使われます。

【例文】

① 可以指定非吸烟房吗？
   禁煙ルームの指定はできますか？

② 我们有一个小孩儿，能免费加一床被褥吗？
　　小さな子供がいるのですが、布団を無料で追加できますか？

> 昨晚，波洛从麦奎恩那里听说他是雷切特的秘书。（p.22, 下から6-5行目）
> 昨夜、ポアロはマックィーンからラチェットの秘書をしていると聞いていた。

「从 cóng」は日本語の「から」に相当する前置詞です。上の文のように「情報源や根拠を示す」使い方のほか、「出発点や起源を表す」用法と「範囲や対象を限定する」用法もあります。

【例文】

〈出発点や起源を表す用法〉

① 从东京飞上海大约需要多长时间？
　　東京から上海まで飛行機でどのくらいの時間がかかりますか？

② 现在地球上所有的生物都是从亿万年前的单细胞生物演化过来的。
　　現在地球上にあるすべての生物は、数億年前の単細胞生物から進化してきたものだ。

〈範囲や対象を限定する用法〉

③ 这孩子从小就很聪明。
　　この子は小さい頃からずっと賢い子だった。

④ 从上大学起，他就再没向家里要过一分钱。
　　大学に入学してから、彼は一度も家から金を借りたことがない。

> 除了我之外就只有希腊来的医生。（p.26, 下から5-4行目）
> 何しろ、わたしのほかにギリシャ人の医師だけですから。

「除了～之外」は「～を除いて」という意味の表現で、「只有」または「没有」と一緒に使われる場合が多いです。

【例文】

① 除了你之外，其他人都来了。
　　あなた以外は全員来ましたよ。

② 如果你想减肥的话，晚上除了水什么都别喝。
　　ダイエットしたいのなら、夜は水以外は何も飲まないようにしなさい。

③ 除了星期天，就没有其它时间去健身房了。
　　日曜日以外は、ジムに行く時間がない。

这么小的地方，谁能躲得进去？（p.30, 下から2行目）
あんな狭いところに、誰が隠れることができるというのです？

　この中国語の文には、「反问句（反語文）」という文法が使われています。反語文とは、疑問文の形式を取りながら、実際には肯定または否定の意味を表す表現方法です。この例では、「あんな狭いところに誰が隠れられるだろうか」という疑問形式をとっていますが、実際には「あんな狭いところには誰も隠れられない」という否定的な意味合いがあります。

【例文】

① 你说过要带我去吃法国菜的，难道你忘了吗？
　　フランス料理に連れて行くって言ってたじゃん。忘れちゃったの？

② 他最近这么忙，哪有时间带你出去旅游啊？
　　最近あいつめっちゃ忙しいから、旅行に連れて行く暇なんてあるわけないでしょ。

③ 她还是个孩子，你何苦跟她过不去呢？
　　あの子はまだ子供なのに、わざわざ対立する必要あるの？

　　※「过不去」という表現には、いくつか異なる意味がありますが、ここでは「困らせる」「意地悪する」といった意味合いです。

我明明已经让雪的事情伤透了脑筋……（p.30, 下から2-1行目）
すでに雪のことで頭がいっぱいだというのに……

　この文に出てくる「明明」という表現は、事実や認識、約束などと現実が異なる場合に、その矛盾や強調を表す副詞として使われます。反語的な意味合いが強く、話し手の感情を込めた表現になります。

【例文】

① 这道题老师明明讲过，你怎么还是做错了呢？
　　この問題について先生が解説したのに、どうしてまた間違えるんだ？

② 明明约好了一起去，你却没来。
　　一緒に行くと約束したのに、君は来なかった。

雷切特先生被谋杀了。他在床上被刺死了！（p.32, 下から 2-1 行目）
なんと、ラチェット氏が殺されました。ベッドの上で刺されていたのです！

　この文には、「被谋杀了」「被刺死了」という「被動句（被動文）」が使われています。中国語の被動文は、主語が動作を受ける側であることを表す文型です。基本的な構造は「主語 + 被 + 動詞 +（目的語）」です。

【例文】

① 日本料理被全世界的人所喜爱。
　　日本料理は世界中の人々に愛されている。

② 这件事情被处理得很好。
　　この件は上手く処理された。

③ 房间里坏掉的电灯被爸爸修好了。
　　部屋の壊れた電灯は父親に直された。

波洛点了点头。（p.34, 6 行目）
ポアロはうなずいた。

　この文の中の「点了点头（少し頷いた）」は、「Ｖ + 了 + Ｖ」という重複した動詞構造を使っています。この構造は動作の完了や結果、程度を口語的に強調する表現で、話し手の気持ちを込めて、動作をよりリアルに伝えることができます。適切に使いこなせば会話によりリズム感が出て自然になります。

【例文】

① 他看了看表，发现时间已经不早了。
　　彼は時計を見てみると、時間がかなり経っていることに気づいた。

② 她吃完冰淇淋，舔了舔勺子上的奶油，对我笑了笑。

　　彼女はアイスクリームを食べ終え、スプーンについた生クリームをなめてから、私に少し笑いかけた。

> 有些伤口很深，有些很浅。（p.36, 2行目）
> 深い傷もあれば、とても浅い傷もありました。

　この文章の中の「有些〜有些〜」は、対比や並列を表す重複表現です。上の文では、「傷の中には深いものもあれば、浅いものもある」と対比的に並列して述べています。

【例文】

① 有些人喜欢在白天工作，而有些人喜欢在夜深人静时工作。

　　昼間に働くのが好きな人もいれば、夜の静けさの中で働くのが好きな人もいる。

② 这个幼儿园里有的小朋友长得高，有的小朋友还不太高。

　　この幼稚園には、背が高い子どももいれば、あまり高くない子どももいる。

③ 商场里有的手机卖的贵，有的手机卖的便宜。

　　デパートでは、高価な携帯もあれば、安価な携帯もある。

> 你知道，他虽然总是对我很好，但我不信任他。（p.42, 5行目）
> あのう、彼はいつもわたしに親切でしたが、信用できませんでした。

　この文に出てくる「虽然〜但是〜」は、前半と後半の内容が逆の関係にあることを表す接続詞の組み合わせです。例文では、前半は「彼は私にいつもよくしてくれる」という事実を述べ、後半は「でも私は彼を信用していない」という意見を述べています。つまり、前半と後半の内容が逆の関係になっているのです。

【例文】

① 虽然他学习很努力，但成绩一直不理想。

　　彼は勉強を一生懸命頑張ったのに、成績が思わしくなかった。

② 虽然今天刮大风，却一点感觉不到冷。

　　今日は強風が吹いていたが、少しも寒さを感じなかった。

③ 正宗的中国菜虽然很贵，但你吃了一定不会后悔。
   本格的な中華料理は高価ではあるが、食べれば後悔はしないだろう。

> 我们这位凶手既强也弱。他既是右撇子又是左撇子。（p.46, 下から7行目）
> われわれの殺人者は強くて弱い。右利きであり左利きでもある。

　この文の中の「既〜又〜」は、２つ以上の事柄を並列して列挙する際に使われる表現です。ここでは、犯人の特徴を説明するのに相反する２つの事柄を並べていますが、通常の使い方では、類似した２つの事柄を列挙します。

【例文】

① 她既会说中文，又会说日语。
   彼女は中国語も日本語も話せる。

② 这个孩子既聪明又勤奋。
   この子は賢くて、しかも勤勉だ。

③ 这件事既麻烦又浪费时间。
   この件は面倒で、しかも時間の無駄にもなる。

> 这块手帕看起来很昂贵，（p.48, 9行目）
> 高価そうなハンカチで、

　この文の中の「看起来」は、「動詞 + 起来」という文法構造の一種です。文全体には、話し手の主観的な判断や推測の意味合いが含まれる場合もあります。

【例文】

① 这件衣服穿起来很合身。
   この服を着ると体にぴったり合っている。

② 这幅画看起来很贵。
   この絵は高価に見える。

③ 他这身打扮看起来很舒服。
   彼はこの服がとても似合っている。

第二部

第一章
列车员的证词

　　波洛走进餐车准备调查。桌子上放着伊斯坦布尔到加莱车厢的平面图，上面标注了每个房间的乘客姓名。他的手边摆放着一叠乘客的护照和车票，还有一张纸和一支铅笔。

　　"先从列车员开始吧。"在布克和康斯坦丁就座后，波洛开口道。"请把列车员叫过来。"

　　"皮埃尔·米歇尔一脸忧虑地走进餐车。他已经担任卧铺车厢列车员十五年了。

　　皮埃尔·米歇尔说："这次悲惨的事件该不会危及到我列车员的工作吧?"

　　"绝对不会。"波洛答道。"请坐。我只问你几个问题。首先，雷切特是什么时候上床的?"

　　"晚饭后。"

　　"之后有人进过他的房间吗?"

　　"只有侍从和麦奎恩先生。"

■ 平面图 見取り図　■ 标注 記す　■ 护照 パスポート　■ 车票 切符　■ 铅笔 鉛筆　■ 就座 席につく　■ 担任 務める　■ 危及 ～を危うくする　■ 上床 ベッドに入る　■ 侍从 従者

第1章
車掌の証言

　ポアロは事情聴取をするために、食堂車に入った。テーブルの上には、イスタンブール - カレー間の車両の見取り図が置いてあり、そこに各部屋の乗客名が記されていた。手元には乗客のパスポートと切符が積み重ねられ、紙と鉛筆が置いてあった。

　「まず、車掌から始めましょう」ブークとコンスタンチンが席につくと、ポアロが言った。「車掌を呼んでください」

　ピエール・ミシェルが心配そうな顔で食堂車に入って来た。彼は寝台車の車掌を15年間務めている。

　「この悲惨な事件で、車掌の職が危うくなることがなければよいのですが」ピエール・ミシェルが言った。

　「そんなことはけっしてありません」ポアロが答えた。「かけてください。少し質問するだけです。まず、ラチェットはいつベッドに入りましたか？」

　「夕食後です」

　「そのあと、誰か彼の部屋に入りましたか？」

　「従者とマックィーンさまだけです」

"那是你最后一次见到或听到雷切特先生说话吗？"

"不是的。在十二点四十分左右，雷切特先生按了铃。就在火车刚刚开进雪里动弹不得的时候。我敲了敲门，但雷切特先生用法语回答说，'我弄错了。'"

"准确来讲，他是怎么说的？"

"Ce n'est rien. Je me suis trompé."

"原来如此。我也是这么听到的。"波洛说。"之后你做了什么？"

"又一阵铃声响起，于是我走了过去。是德拉古米罗夫公爵夫人。她让我叫她的女仆来，我照做了。"

"我有一个非常重要的问题，一点十五分你在哪里？"

"我面向过道，坐在车厢尽头的列车员座位上。其间我只离开了车厢一会儿。我去了从雅典开来的车厢，与其他列车员聊了雪的情况。但这时铃声再次响起——是一位美国女士按的铃。我想我昨晚已经说过了。之后，你按了铃，我给你拿了些水。在那之后过了大约半小时，我给麦奎恩先生准备了床铺。他在房间里和阿布斯诺特上校说话。"

"那是什么时候的事？"

"我不清楚具体时间，但在两点钟之前。"

"之后你做了什么？"

"我在座位上一直坐到天亮。"

■ 左右 〜ごろ ■ 动弹不得 動けない ■ 法语 フランス語 ■ 准确 正確 ■ 女仆 メイド
■ 照做 その通りにやる ■ 过道 通路 ■ 尽头 端、つきあたり ■ 聊 話す、しゃべる ■ 准备
準備する ■ 清楚 わかる、知っている

「あなたがラチェット氏の姿を見たり声を聞いたりしたのは、そのとき が最後ですか？」

「いいえ。ラチェットさまは12時40分ごろにベルを鳴らされました。列 車が雪で動けなくなった直後です。ドアをノックしましたが、ラチェット さまは『間違っただけだ』とフランス語でお答えになりました」

「正確にはどう言ったのですか？」

「ス・ネ・リアン。ジュ・ム・スィ・トロンペ」

「なるほど。わたしもそれを聞きました」ポアロが言った。「そのあとど うしましたか？」

「別のベルが鳴りましたので、そちらのほうに参りました。鳴らされた のはドラゴミロフ公爵夫人でした。メイドを呼んでほしいとおっしゃら れましたので、その通りにいたしました」

「これはたいへん重要な質問ですが、1時15分にはどこにいましたか？」

「車両の端にある車掌席に、通路に向かって座っておりました。ただ、 ほんのしばらく車両を離れました。アテネ発の列車に行き、仲間の車掌た ちと雪について話し合ったのです。ところが、またベルが鳴りまして—— アメリカのご婦人でした。昨夜お話ししたかと思います。そのあと、あな たがベルでお呼びになったので、水をお持ちいたしました。それから30 分ほどして、マックィーンさまのベッドを用意いたしました。お部屋でア ーバスノット大佐とお話しされていました」

「それは何時ごろでしたか」

「たしかな時間はわかりませんが、2時前でした」

「そのあと何をしていました？」

「朝まで席に着いておりました」

"你看到有乘客经过走廊吗?"

"我记得看到一位穿着红色长袍的女士沿着过道走向另一侧的厕所。但我没有看到她的脸。因为她是背对着我走过去的。"

"你看到那位女士回房间了吗?"

"没有。我想是被铃声叫去的。你也一度朝通道里看了看吧。"

"没错。"波洛回答道。"我是被重物撞门的声音惊醒的。你看到什么了吗?"

"没有。"列车员惊讶地回答说。"什么也没看见,先生。"

"我明白了。"波洛若有所思地说。"最后一个问题。你最后停靠的车站是哪里?你当时下车了吗?"

"文科夫奇站。列车原定于十一点五十八分发车。但由于天气恶劣,火车晚点了二十分钟。我和其他列车员一起下车,站在车门旁。每到一站,我们都会这么做。"

"如果凶犯在文科夫奇站上车,他有可能在案发后下车吗?"

皮埃尔·米歇尔摇了摇头。

"他甚至不可能躲在火车里。"列车员说,"我们已经找遍了所有地方。"

"谢谢你,皮埃尔·米歇尔。你帮了大忙。"

■ 走廊 廊下 ■ 长袍 ガウン ■ 一度 一時 ■ 重物 重いもの ■ 撞门 ドアにぶつかる ■ 惊醒 驚いて目が覚める ■ 停靠 停車する ■ 天气恶劣 悪天候 ■ 凶犯 犯人 ■ 所有 すべて ■ 帮了大忙 おおいに助かる

「乗客が通路を通るのを見かけませんでしたか？」

「赤いガウンを着た女性が向こう側のトイレに向かって通路を歩いていたと記憶しております。しかし顔は見えませんでした。わたしに背を向けて遠ざかって行かれましたので」

「その女性が部屋に戻るのを見ましたか？」

「いいえ。ベルで呼ばれていたのだと思います。あなたも、一時、通路をのぞいておられましたね」

「その通りです」ポアロが答えた。「何か重いものがわたしのドアにぶつかる音で目が覚めました。何か見かけなかったですか？」

「いいえ」車掌が驚いて答えた。「何もございませんでした」

「なるほど」ポアロが考え深そうに言った。「最後の質問です。最後に停車したのは何という駅ですか？　そのとき列車から降りましたか？」

「ヴィンコヴチ駅です。午後11時58分に発車することになっておりました。ところが、悪天候のため、20分遅れていました。わたしはほかの車掌たちといっしょに列車から降りて、ドアのそばに立っておりました。いつも停車ごとにそのようにしております」

「もし犯人がヴィンコヴチ駅で列車に乗り込んで来たら、犯行後に列車から降りることはできましたか？」

ピエール・ミシェルは首を横に振った。

「列車に隠れることもできなかってしょう」車掌が言った。「どこもかしこも捜しましたから」

「ありがとう、ピエール・ミシェル。おおいに助かりました」

第二章
秘书的证词

列车员离开后,波洛转向布克和医生。

波洛说:"有几个问题我想再问麦奎恩一次,以弄清情况。"

年轻人很快就出现了。

"如你所说,麦奎恩先生。雷切特是化名。"波洛解释说,"他的真名叫卡塞蒂——是杀害黛西·阿姆斯特朗的凶手。"

麦奎恩瞪大了眼睛。

"这个肮脏的禽兽!"他喊道。"他罪有应得。这样的人不配活着!"

"你对这个案子有着非同寻常的关注,是吗,麦奎恩先生?"

"是的。"他回答道,努力让自己镇定下来。"事实上,我父亲就是负责此案的检察官。我见过阿姆斯特朗夫人几次——她是个美丽善良的女人。"他的眼神中流露着一种真切的悲伤。

■ 证词 証言 ■ 化名 偽名 ■ 瞪(目を)大きく開く ■ 肮脏 汚らわしい ■ 罪有应得 自業自得 ■ 非同寻常 並々ならぬ ■ 关注 関心 ■ 镇定 落ち着く ■ 负责 担当する ■ 流露(気持ちなどが外に)現われ出る ■ 真切 ありありとした ■ 悲伤 悲しみ

第2章
秘書の証言

　車掌が去ると、ポアロは、ブークと医師のほうを向いた。

　「もう一度マックィーンに質問してはっきりさせたいことがいくつかあります」ポアロが言った。

　若い男はすぐに現れた。

　「おっしゃった通りでした、マックィーンさん。ラチェットというのは偽名でした」ポアロが告げた。「本名はカセッティ——デイジー・アームストロングを殺した男です」

　マックィーンは目を大きく開いた。

　「汚らわしいけだものめ！」彼が叫んだ。「当然の報いを受けたのです。あんな男は生きる資格がありません！」

　「この事件には並々ならぬ関心があるのですね、マックィーンさん？」

　「そうです」彼は心を落ち着かせようとしながら答えた。「実は、わたしの父が検事でこの事件を担当したのです。わたしはアームストロング夫人に数回会ったことがあります——美しくて、やさしい女性でした」。彼の目には偽りのない悲しみが宿っていた。

"你是怎么知道雷切特的身份的？"过了一会儿，麦奎恩问道。

"我是从在雷切特的房间里发现的一封信里知道的。"
"但这，不可能……我是说，雷切特也有点太粗心大意了吧。"

"确实如此。"波洛盯着年轻人说道。"麦奎恩先生，请告诉我们你昨晚晚饭后做了什么。"

"我回到房间看了一会儿书。当火车到达贝尔格莱德站时，我下了车，伸了伸胳膊和腿。我回到车上后，和阿布斯诺特上校聊了几句。然后我去了雷切特的房间，记了一些备忘录，道了晚安后离开了房间。这时，阿布斯诺特上校还在走廊上，于是我邀请他到我的房间。我们喝了几杯，聊了聊政治。当车到达文科夫奇站时，我决定下车舒展筋骨……"

"你从哪扇门出去的？"波洛打断了他的话。
"我是从靠近我房间的那扇门，也就是餐车旁边的那扇门出去的。"
"门是锁着的吗？"
"是的，门把手上上了栓。"
"你回去的时候，有没有把门栓再锁上？"
"经你这么一问，我好像没把门拴锁上。我也许忘了。"

■ 粗心大意 不注意　■ 胳膊 腕　■ 邀请 誘う　■ 扇（家・部屋、窓の）戸を数える量詞　■ 门栓
かんぬき

「どうしてラチェットの身元がわかったのですか？」マックィーンがしばらくして尋ねた。

「ラチェットの部屋にあった手紙からです」

「しかし、そんなはずは……つまり、ラチェットにしてはいささか不注意でしたね」

「そうですね」ポアロは若い男をじっと見ながら言った。「マックィーンさん、昨夜の夕食後の行動をすべて話してください」

「部屋に戻って本を読みました。ベオグラード駅に着いたとき、列車から降りて脚を伸ばしました。列車に戻り、アーバスノット大佐と話しました。それからラチェットの部屋に行き、いくつかメモを取り、おやすみの挨拶をして部屋を出ました。アーバスノット大佐がまだ通路におられたので、わたしの部屋に誘いました。少し酒を飲んで政治の話をしました。ヴィンコヴチ駅に着いたとき、列車を降りて脚を伸ばすことにしました……」

「どのドアから出ましたか」ポアロがさえぎった。

「わたしの部屋に近いドアから、食堂車のとなりのドアのことです」

「錠はかかっていましたか？」

「はい、取っ手にかんぬきがかかっていました」

「戻ったとき、そのかんぬきをもとに戻しましたか？」

「言われて見れば、戻さなかった気がします。忘れたのかもしれません」

　　"我知道了。"波洛说。"对了，你在房间里和上校谈话时，门是开着的吗？"

　　"对。"

　　"你看到有人走过过道吗？"

　　"有一次，我好像看到一个穿红袍的女人，但我没看清楚。"

　　"上校是什么时候离开你的房间的？"

　　"应该是两点左右吧。"

　　"最后一个问题。你抽烟斗吗？"

　　"不抽。"

　　波洛微笑着放下了笔。

　　"谢谢。就这样吧。"

■ 抽（タバコを）吸う　■ 放下 置く　■ 笔 ペン

「なるほど」ポアロが言った。「ところで、部屋で大佐と話していたとき、ドアは開けてありましたか？」

「はい」

「誰かが通路を歩いているのを見かけませんでしたか？」

「一度、赤いガウンの女性を見た気がしますが、はっきりと見えませんでした」

「大佐は何時にあなたの部屋から出て行きましたか？」

「たしか、2時ごろでした」

「最後にもうひとつ。あなたはパイプを吸いますか？」

「いいえ」

ポアロはにっこり微笑むと、ペンを置いた。

「ありがとう。これで終わりです」

第三章
随从的证词

　　在麦奎恩走后进来的是爱德华·马斯特曼。他是雷切特的英国随从。波洛示意他坐下。

　　"你已经听说你的雇主被杀的事了吧。"波洛开始说道。

　　"是的。我很惊讶。"

　　"你知道雷切特不是你雇主的真名吗?"

　　"不知道。"

　　"你还记得阿姆斯特朗绑架案吗?"

　　听到这句话,马斯特曼那张平日里丝毫不显情绪的苍白的脸微微红了一下。

　　"记得。"他回答道,"那是个可怕的事件。"

　　"雷切特的真实身份是卡塞蒂。他是那起犯罪的幕后主使。"

　　马斯特曼的脸刷的一下就红了。

　　"这让我太吃惊了。我简直不敢相信。"

　　"你最后一次见到雷切特先生是什么时候?"

■ 随从 従者　■ 示意 示唆する、勧める　■ 情绪 感情　■ 微微 少し　■ 记得 覚えている
■ 幕后主使 黒幕、首謀者　■ 刷的一下 サーッと　■ 简直 全く　■ 最后 最後

第3章
従者の証言

　マックィーンのあとに、エドワード・マスターマンが入って来た。ラチェットのイギリス人従者である。ポアロは腰かけるように勧めた。

　「あなたの雇い主が殺されたことはもう聞いていますね」ポアロが始めた。

　「はい。びっくりいたしました」

　「ラチェットというのは雇い主の本名でないことを知っていましたか？」

　「いいえ」

　「アームストロング誘拐事件のことは覚えていますか？」

　これを聞くと、いつもはまったく感情を表さないマスターマンの青白い顔に少し赤味がさした。

　「はい」彼は答えた。「恐ろしい事件でございました」

　「ラチェットの正体はカセッティです。この犯罪の首謀者です」

　マスターマンの顔が紅潮した。

　「びっくりしました。とても信じられません」

　「ラチェット氏を最後に見たのはいつですか？」

"大约是昨晚九点钟。我去他的房间帮他叠衣服，挂衣服，给他倒水，在他上床睡觉之前安排好了所有需要做的事。"

"你注意到雷切特的表现有什么异常吗？"
"他好像心神不宁。因为收到了一封讨厌的信。"

"雷切特是吃了安眠药才睡的吗？"
"他每次坐火车旅行都这样。必须吃药才能入睡。"

"他昨晚吃药了吗？"
"是的，我把药放在杯子里给他吃了。"
"那之后发生了什么？"
"他说他想见麦奎恩先生，于是我去叫了他，然后直接回到了自己的房间。之后我就一直在看书。怎么也睡不着。我想我是在凌晨四点左右睡着的。"

"你有室友吗？"
"有。一个大个子意大利人。"
"你们彼此说过话吗？"
"没有。我宁可看书。"
"你或你的室友晚上离开过房间吗？"

■ 叠 たたむ ■ 挂 つるす ■ 表现 様子 ■ 安眠药 睡眠薬 ■ 一直 ずっと ■ 凌晨 夜中
■ 室友 同室者、ルームメート ■ 意大利 イタリア ■ 彼此 互いに ■ 宁可（〜より）〜のほうがいい

「昨夜の9時ごろです。お部屋に行って服をたたんだりつるしたり、水を持って来たり、そのほかベッドに入る前に必要なお世話をすべていたしました」

「ラチェットの様子はいつもと変わりありませんでしたか？」

「動揺しておられるようでした。嫌な手紙をお受け取りになったのです」

「ラチェットは寝つくために睡眠薬を服用していましたか？」

「列車で旅をなさるときはいつもそうされています。飲まなければお眠りなれませんのです」

「昨夜は飲みましたか？」

「はい。コップに薬を入れて差し上げました」

「それから、どうしました？」

「マックィーンさんに会いたいと言われたので、呼びに行き、そのまま自分の部屋に戻りました。そのあとはずっと読書しておりました。なかなか寝つくことができませんでした。眠ったのは夜中の4時ごろだと思います」

「同室者はいますか？」

「はい、大柄なイタリア人です」

「互いに話をしましたか？」

「いいえ。本を読んでいるほうがよろしいですから」

「あなたまたは同室者が、夜のあいだに部屋から出て行きませんでしたか？」

"没有。意大利人在十点半左右睡着了，整晚都在打呼噜。"

波洛沉默了一会儿，然后说道："请再告诉我一件事。你是什么时候受雇于雷切特的？"

"大约九个月前。"

"你抽烟斗吗？"

"不，我只抽卷烟。"

"谢谢你，马斯特曼先生。就到这里吧。"

"不好意思啊。"马斯特曼说，"一位美国女士整个上午都在到处嚷嚷，说她知道凶手的一切。我可以去叫这位女士过来吗？"

■ 整晚 一晩中　■ 打呼噜 いびきをかく　■ 受雇 雇われる　■ 嚷嚷 騒ぐ

「いいえ。イタリア人は10時30分ごろ眠ってしまい、一晩中いびきを
かいていました」

ポアロはちょっとのあいだ黙ったあとに言った。「もうひとつ教えてく
ださい。ラチェットに雇われたのはいつですか?」

「9か月ほど前です」

「パイプを吸いますか?」

「いいえ紙巻たばこだけです」

「ありがとう、マスターマンさん。これで終わりです」

「すみませんが」マスターマンが言った。「アメリカのご婦人が午前中ず
っと大騒ぎされています。犯人のことをすべて知っていると言われるの
です。ご婦人をお呼びしてよろしいですか?」

第四章
美国女人的证词

当赫伯德太太来到餐车时，她激动得几乎说不出话来。

"先生们，你们是这里的负责人吗？我掌握了一些非常非常重要的信息——特别的重要！"

"请坐，夫人。"波洛说。

赫伯德太太一屁股坐在波洛对面的椅子上，立刻说了起来。

"先生们，昨晚在这列火车上发生了一起谋杀案！"

"是的，我知道。"波洛说。

"而凶手之前就在我的房间里！"

"你确定吗，夫人？"

■ 激动 興奮する　■ 几乎 ～ほど　■ 负责人 責任者　■ 一屁股 ドサッと（座る）

第4章
アメリカ人女性の証言

　ハバード夫人が食堂車に現れたとき、あまりに興奮してほとんど口もきけないほどだった。

　「みなさん、あなた方がここの責任者ですか？　とってもとっても重要な情報があります——ものすごく重要なことなの！」

　「どうぞ、おかけください、奥さま」ポアロが言った。

　ハバード夫人はポアロの向かい側の椅子にドサッと腰を下ろし、すぐに話し始めた。

　「みなさん、昨夜、この列車で殺人がありました！」

　「はい。知っております」ポアロが言った。

　「そして、犯人はわたくしの部屋にいたのです！」

　「それはたしかですか、奥さま？」

"当然啦。你这是什么意思！我亲眼所见还能有假。我当时躺在床上，正睡觉呢。当我醒来时，突然房间里多了个男人。房间里漆黑一片，太恐怖了，我连声都不敢出。我以为他要杀我！我闭上眼睛，按铃呼叫列车员。我按了好几次，终于听到有人从过道跑过来。'进来！'我喊道，同时打开了灯。但房间里竟然一个人也没有！"

听完这段叙述，除了赫伯德太太，似乎没有人对此感到惊讶。
"接下来发生了什么，夫人？"
"我向列车员解释了事情的经过。但他不相信我。他说那都是我做的梦。但房间里肯定有人进来过。他不知怎么跑出去了。我想可能是隔壁的人干的。所以我让列车员检查我和隔壁房间之间的门。果然，门没有锁。当然我又让他把门锁上了！"

"那是什么时候的事？"
"不知道。我又没看表。我太害怕了，什么都不敢做。但很明显那人就是凶手。我有证据！"

赫伯德太太打开包，仔细翻找了好一会儿，最后拿出一颗银色纽扣。那是卧铺车厢列车员制服上的纽扣。

■ 亲眼所见 自分の目で見た ■ 漆黑一片 真っ暗 ■ 闭上 閉じる ■ 竟然 驚いたことに
■ 证据 証拠 ■ 纽扣 (服の)ボタン

「もちろんです。なんてことなの！ 自分が見たことくらいわかります。いいですか、わたくし、ベッドに入って寝入っていました。ふと目を覚ますと、部屋に男がいるじゃありませんか。とても暗くって、あまりに怖いものだから、叫ぶこともできなかったの。殺されると思ったわ！ 目を閉じてベルを押して車掌を呼びました。何度か押すと、ようやく誰かが通路を走って来る音が聞こえたわ。『入って！』と叫んで、同時に明かりをつけました。でも、部屋には誰もいなかったの！」

　これを聞いても、ハバード夫人以外は誰も驚かないようだった。

「次にどうなさいましたか、奥さま？」

「車掌に何が起こったか説明しました。でも、信じてくれません。全部、わたくしの夢だと言うのです。でも、部屋に誰かがいたのは間違いないわ。どうにかして出て行ったのよ。隣の男かもしれないと思ったから、隣の部屋とのあいだのドアを調べてほしいと車掌に頼みました。そしたら、案の定、錠がかかっていなかったの。もちろん、錠をかけるように頼みましたわ！」

「それは何時のことですか？」

「わかりません。時計を見ませんでしたから。怖くてそれどころじゃなかったわ。でも、あれが犯人だということは明らかです。証拠がありますのよ！」

　ハバード夫人はバッグを開けて、しばらく丹念になかを調べていたが、ついに銀のボタンをひとつ取り出した。それは寝台車の車掌の制服についているボタンだった。

"这是今天早上我在房间里发现的!"赫伯德太太大声说道。

波洛说:"这也可能是被你的铃声叫去的列车员的纽扣。"

"不对,那不可能! 我不明白为什么没有人相信我说的话。"赫伯德太太说。"列车员来我的房间,查看了床底下和门。但他没有靠近窗户。你明白吗? 纽扣是在窗边发现的! 这个你要怎么解释?"

"这是物证,夫人!"波洛接过赫伯德太太递过来的纽扣说。"我还有几个问题,夫人。如果你那么害怕雷切特住在隔壁,为什么不把你和隔壁房间之间的门锁上呢?"

"我锁了呀。"赫伯德太太回答说。"十点三十分左右,一位名叫格丽塔的瑞典女士来我房间拿阿司匹林。我当时躺在床上,所以我让她自己拿,因为阿司匹林就在门把手上的化妆袋里。我还让她检查了一下门是否锁好了,她说锁好了。"

"为什么你自己没去看看呢?"

"因为我已经上床了,而且化妆包就挂在门锁旁。"

"我明白了。赫伯德太太,你知道阿姆斯特朗绑架案吗?"

■ 查看 調べる ■ 靠近 近づく ■ 物证 証拠品 ■ 为什么 どうして ■ 瑞典 スウェーデン
■ 阿司匹林 アスピリン ■ 化妆袋 化粧ポーチ

「今朝、自分の部屋で見つけましたの！」夫人が大きな声で言った。

「あなたのベルに呼ばれて来た車掌のボタンかもしれませんな」ポアロが言った。

「いいえ、そんなはずはありません！ どうして誰もわたくしの言うことを聞かないのか、まったくわかりませんわ」夫人が言った。「車掌は部屋に来て、ベッドの下とドアを見ました。でも、窓のそばには来ませんでした。おわかりかしら？ ボタンは窓のそばで見つけたのよ！ これをどう説明なさいます？」

「これは証拠品です、奥さま！」ポアロが言って、夫人からボタンを受け取った。「あと少し質問があります、奥さま。ラチェットが隣にいることをそんなに怖がっておられたのに、どうして隣室とのあいだのドアに錠をかけなかったのですか？」

「かけましたわ」ハバード夫人が答えた。「10時30分ごろ、スウェーデンの婦人、グレタが、わたくしの部屋にアスピリンをもらいにいらしたの。わたくし、ベッドに入っていましたので、ドアの取っ手にかけてある化粧ポーチのなかにありますから、自分で取ってくださいって頼みましたの。ついでに、ドアに錠がかかっているかどうか見てもらうと、あの方はかかっていると答えられましたわ」

「どうしてご自分で見なかったのですか？」

「だって、ベッドに入っていましたし、化粧ポーチが錠の前にかかっていたからですわ」

「なるほど。ハバードさん、アームストロング誘拐事件のことはご存知かな？」

"当然！那也是一起可怕的事件！"
"对了，雷切特的真名叫卡塞蒂。他是这起犯罪的主谋。"

赫伯德太太激动得情不自禁地站了起来。
"我的天啊！我简直不敢相信！我就知道那人是个坏蛋。我不是跟你说过嘛，波洛先生？"
"你说的对。你认识阿姆斯特朗家的什么人吗？"

"不，谁也不认识。他们家很有钱，在其他社交圈也很活跃。"

"我还有一个问题，赫伯德太太。你有红色长袍吗？"

"真是个奇怪的问题！没有，我的袍子是粉红色的。"
"谢谢你，夫人。"波洛说。"我要问的就这些。"

当赫伯德走向门口时，波洛叫住了她。
"这个是你掉的。"他说着，递给她一块女式手帕。
"这不是我的东西。"
"我以为是你的，因为上面有首字母 H。"

"确实。但它不是我的。"赫伯德说。
"不好意思，请原谅。谢谢你的合作。"

■ 情不自禁 思わず ■ 坏蛋 悪者 ■ 认识 ～と知り合う ■ 社交圈 社交界 ■ 活跃 活躍する
■ 叫住 呼び止める ■ 合作 協力

「もちろんです！　あれも恐ろしい事件でしたわ！」

「ところで、ラチェット氏の本名はカセッティです。その犯罪の首謀者だったのです」

ハバード夫人は興奮して、思わず立ち上がった。

「なんてことなの！　信じられませんわ！　あの男が悪者だってことはわかっていました。そう申しましたでしょ、ポアロさん？」

「おっしゃる通りです。アームストロング一家のどなたかとお知り合いでしたか？」

「いいえ、どなたとも。あの一家はお金持ちで、別の社交界で活躍されていましたから」

「もうひとつ質問があります、ハバードさん。赤いガウンをお持ちですか？」

「なんて変な質問ですこと！　いいえ、わたくしのガウンはピンクです」

「ありがとうございました、奥さま」ポアロが言った。「これでおしまいです」

夫人がドアに向かうと、ポアロが呼び止めた。

「これを落とされましたよ」と言って、婦人用ハンカチを差し出した。

「わたくしのものではありません」

「あなたのものだと思いました。Ｈというイニシャルがついていますので」

「そうですね。でも、わたくしのものではありません」夫人が言った。

「ああ、失礼しました。ご協力ありがとうございました」

第五章
瑞典女人的证词

　　波洛随后询问了格丽塔·奥尔森。她是一名注册护士，在伊斯坦布尔的一所学校工作。她正准备回瑞典度假。

　　"抱歉打扰你，我们正在询问伊斯坦布尔到加莱车厢的所有乘客。"波洛平静地说。"您昨晚晚饭后做了什么？"

　　"我整晚都在头痛。大约十点半的时候，我去美国女士的房间拿了一些阿司匹林。"

　　"她让你去看了通往雷切特先生房间的门是否上锁了吗？"

　　"是的。"

　　"门上锁了吗？"

　　"是的。"

　　"之后呢？"

　　"我回到房间，吃了一些阿司匹林，然后就躺下。"

　　"你很快就入睡了吗？"

■ 随后 それから、次に　■ 护士 看護師　■ 平静 穏やか　■ 头痛 頭痛　■ 上锁 鍵がかかる

第5章
スウェーデン人女性の証言

　ポアロは次にグレタ・オルソンに質問した。彼女は正看護師で、イスタンブールの学校で働いていた。休暇でスウェーデンに帰る途中だった。
　「お手数をかけて申し訳ありませんが、イスタンブール - カレー間の車両の乗客全員に質問をしております」ポアロが穏やかに言った。「昨夜、夕食後に何をなさいましたか？」
　「夜通し頭痛がしていました。10時30分ごろ、アメリカのご婦人の部屋に行って、アスピリンを少しいただきました」
　「ラチェット氏の部屋に通じるドアの錠がかかっているか見てほしいと頼まれましたか？」
　「はい」
　「錠はかかっていましたか？」
　「はい」
　「そのあとは？」
　「部屋に戻り、アスピリンを飲んで横になりました」
　「すぐに寝つけましたか？」

"不，我没有。我睡得不是很早。火车停了一次之后我才睡着。"

"那应该是在文科夫奇车站停的车。你和一位年轻的英国女士共处一室？"

"是的。"

"在文科夫奇站停车后，这位女士离开过房间吗？"

"没有。我睡得很浅，如果她离开过房间，我肯定会醒的。"

"你晚上有没有离开过房间？"

"没有，我在房间里一直呆到早上。"

"你有红色长袍吗？"

"我没有。我的长袍是棕色的。"

波洛问她是否知道阿姆斯特朗绑架案。她回答说不知道。但格丽塔在听了他的解释后非常气愤。

"太可怕了！"她惊呼道。"只要一想到这些恶魔般的人我就……"

随后，格丽塔被允许离开房间，她满眼泪水地出去了。

■共处一室 同じ部屋にいる ■棕色 茶色 ■气愤 憤慨する

「いいえ。あまり早くは寝つけませんでした。寝入る前に、列車が一度止まりました」

「ヴィンコヴチ駅に止まったのでしょう。イギリスの若い女性と同じ部屋ですね？」

「はい」

「その女性はヴィンコヴチ駅に停車後に部屋から出ませんでしたか？」

「いいえ。わたしはとても眠りが浅いので、あの方が部屋を出たら目が覚めたはずです」

「夜のあいだのいずれかの時間に、部屋から出ましたか？」

「いいえ、朝まで部屋におりました」

「赤いガウンをお持ちですか？」

「まあ、持っていませんわ。わたしのガウンは茶色です」

ポアロはアームストロング誘拐事件を知っているか尋ねた。知らないと答えたので、説明するとグレタはとても憤慨した。

「ぞっとしますわ！」彼女は叫んだ。「そんな悪魔のような人間がいると考えただけでも……」

そのあと、グレタは退室を許され、目に涙をいっぱいためて出て行った。

第六章
俄罗斯公爵夫人的证词

在进行下一轮质询之前，波洛把皮埃尔·米歇尔叫来了餐车。

"米歇尔，你的制服扣子在这儿。它是在赫伯德太太的房间里找到的。你怎么解释这个？"布克问道。

"我的纽扣没有丢。"列车员回答道。"我也不知道它是从哪儿来的。"

如他所说，他外套上的扣子都在。

"那一定是昨晚赫伯德太太房间里的那个男人掉的。"

"但是我检查了房间，里面确实没有人！"

"但问题是，确实有人把它掉在了地上。而那人似乎就是凶犯。"布克冷冷地说道。

"真的不是我！我是无辜的！我说的是实话。在赫伯德太太按铃叫我之前，我和我的列车员同事在一起。你问问他们去！"

■ 外套 コート、上着　■ 凶犯 犯人　■ 冷冷地 冷やかに　■ 无辜 無実　■ 实话 真実、本当のこと　■ 同事 同僚

第6章
ロシアの公爵夫人の証言

　次の面接に進む前に、ポアロはピエール・ミシェルを食堂車に呼んだ。

　「ミシェル、きみの制服のボタンがここにある。ハバード夫人の部屋で見つかった。これをどう説明するのかね？」ブークが訊いた。

　「わたしはボタンを失くしていません」車掌が答えた。「いったいどこから出て来たのか、皆目、見当もつきません」

　実際、彼の上着にはボタンが全部ついていた。

　「それでは、昨夜、ハバード夫人の部屋にいた男が落としたに違いない」

　「ですが、わたしは部屋を調べました！　誰もおりませんでした」

　「たしかに誰かが落としたのだ。それが犯人のようだな」ブークが冷やかに言った。

　「わたしではありません！　わたしは無実です！　本当です。ハバード夫人にベルで呼ばれる前は、同僚の車掌たちといっしょでした。聞いてみてください！」

在布克的传唤下，两名列车员来到餐车。他们都证实，皮埃尔·米歇尔在一点到一点十五左右去到他们那儿，并与他们聊了积雪的问题。他们也都没有弄丢纽扣。很明显，波洛无法从卧铺车厢列车员那里得到任何有关纽扣的信息，于是他决定开始下一轮询问。

德拉古米罗夫公爵夫人走进了餐车。尽管公爵夫人身材娇小、体弱多病，但她的举止却显得庄重而干练。

"您是娜塔莉亚·德拉古米罗夫公爵夫人，您的地址是巴黎克莱伯街十七号，没错吧。"

"没错。"

"谢谢。接下来，请告诉我你昨晚晚饭后做了什么。"

"我让列车员帮我准备床铺。晚饭后不久我就躺在床上开始看书，一直看到晚上十一点左右。由于风湿病，我无法入睡，于是我让列车员叫来一名女仆。女仆帮我揉腿，还读了一本书给我听。最后我睡着了，但我想从我叫女仆到入睡大概过了一个小时。"

"那时，火车停了吧?"

"是的。"

"你听到任何不寻常的声音了吗?"

"没有。"

"我想你以前曾去过美国吧?"

突然，话题一转，公爵夫人双眉一挑。

■ 传唤 呼び出し ■ 证实 証言する ■ 任何 何も(〜ない) ■ 体弱多病 体が弱くて病気がち
■ 举止 振る舞い ■ 庄重 正々堂々 ■ 干练 てきぱき ■ 地址 住所 ■ 接下来 さて、これから ■ 女仆 メイド ■ 揉腿 足をもむ ■ 不寻常 尋常でない、変な

　ブークに呼び出され、ふたりの車掌が食堂車にやって来た。どちらの車掌もピエール・ミシェルが彼らのところに来て、1時から1時15分ごろまで雪について話し合ったと証言した。ふたりともボタンを失くしていなかった。寝台列車の車掌たちからボタンについて何も聞き出せないことがはっきりしたので、ポアロは次の面接を始めることにした。

　ドラゴミロフ公爵夫人が食堂車に入って来た。小さく弱々しい体にもかかわらず、公爵夫人の態度は堂々として、てきぱきしていた。

　「あなたは、ナタリア・ドラゴミロフ公爵夫人で、住所はパリのクレベール街17番地で間違いありませんね」

　「その通りです」

　「ありがとうございます。さて、昨夜夕食のあとで何をなさったか教えてください」

　「車掌にベッドの支度をするように申しつけました。夕食後すぐにベッドに横になり、11時ごろまで本を読んでいました。リューマチで眠れなかったので、車掌にメイドを呼んでもらいました。メイドはわたくしの足をもみ、本を朗読してくれました。そのうち眠くなりましたが、メイドを呼んでから1時間ほどたっていたと思います」

　「そのとき、列車が止まったのですね?」

　「そうです」

　「何か変わった音が聞こえませんでしたか?」

　「いいえ」

　「アメリカに行かれたことがおありだと思うのですが?」

　突然、話題が変わり、公爵夫人は両眉を上げた。

"是的，去过几次。"

"那你知道阿姆斯特朗绑架案吧。"

公爵夫人的表情变得阴沉，她强势而威严的声音也变得柔和起来。

"阿姆斯特朗一家是我的挚友。"公爵夫人说。"我仍然无法接受这一可怕的损失。琳达·阿登是我的好朋友。我认为她是美国最出色的女演员。我是她女儿索尼娅·阿姆斯特朗的教母。"

"我记得索尼娅有个妹妹。你知道她现在住哪儿吗？"

"不清楚。我与阿姆斯特朗家的年轻人没有联系。你为什么要问这些人？是不是和昨晚发生的事有关？"

波洛说明了雷切特的身份。公爵夫人的表情变得更加阴沉了，她把目光转向地面。

"我本不想说这些。"公爵夫人开口道。"但如果你说的是真的，我很高兴那个人被杀了！"

"对此我表示理解。毕竟你为这件事伤透了心。"波洛说。"我还有一个问题。您的长袍是什么颜色的？"

"蓝色。"公爵夫人平静地答道。

"非常感谢，夫人。您帮了大忙。"

德拉古米罗夫公爵夫人起身走出了房间。

■阴沉 暗い ■柔和 柔らかい ■挚友 親友 ■仍然 今でも、相変わらず ■出色 素晴らしい
■教母 名付け親（女性） ■联系 連絡 ■目光 目線 ■颜色 色 ■蓝色 青色 ■平静 穏やか
か ■起身 立ち上がる

「ええ、何度も」

「それでは、アームストロング誘拐事件をご存知ですね」

公爵夫人の表情が暗くなり、威厳のある強い声がやわらいだ。

「アームストロング一家はわたくしの大切な友人でした」夫人が言った。「今でも恐ろしいほどの喪失感を乗り越えられません。リンダ・アーデンは大の親友です。彼女はアメリカで最も素晴らしい女優だと思いますよ。わたくしが娘のソニア・アームストロングの名づけ親です」

「たしか、ソニアには妹さんがいましたね。いまどこに住んでいるかご存知ですか?」

「いいえ、アームストロング家の若い方たちとは連絡を取っておりません。どうして、あの人たちのことをお尋ねになるの?　昨夜起こったことと関係があるのですか?」

ポアロはラチェットの正体を説明した。公爵夫人の表情はさらに暗くなり、夫人は目を伏せた。

「こんなことを言ってはなんですが」夫人が言った。「でも、おっしゃることが本当なら、あの男が殺されてうれしいですわ!」

「そうでしょうとも、この事件には心を痛められたでしょうから」ポアロが言った。「もうひとつ質問があります。何色のガウンをお持ちですか?」

「青です」夫人は穏やかに答えた。

「ありがとうございました、奥さま。たいへん助かりました」

ドラゴミロフ公爵夫人は立ち上がり、部屋から歩き去った。

第七章
安德烈尼伯爵夫妇的证词

接下来是安德烈尼伯爵。在伯爵来到餐车之前，波洛检查了伯爵和伯爵夫人的护照。似乎没什么问题，但伯爵夫人的护照上有一大块污渍。一定是哪个粗心的官员把午餐洒在了她的护照上。

不久，伯爵来了。他身材魁梧，相貌英俊，能说一口流利的法语。他的妻子没有陪同他前来。

"伯爵。"波洛说。"你的夫人没有过来吗？"

"是的，她没有什么可以对你说的。"伯爵回答道。他语气坚定。"我想我和我夫人都帮不上忙。我们俩一直都在睡觉。"

波洛再次解释了雷切特的身份，但伯爵似乎并没有因为这个消息而激动。

"这很令人吃惊。"伯爵说，"不过话说回来，类似的事件在美国也时有发生。"

"你去过美国吗，伯爵先生？"

"我在华盛顿呆过一年。"

■ 污渍 汚れ ■ 粗心 不注意 ■ 洒 こぼす、こぼれる ■ 魁梧 大柄 ■ 英俊 ハンサム ■ 流
利 流暢 ■ 陪同 同伴する

第7章
アンドレニ伯爵夫妻の証言

　次はアンドレニ伯爵の番だった。伯爵が食堂車に来る前に、ポアロは伯爵夫妻のパスポートを調べた。何の不備もないように見えたが、大きく汚いしみが伯爵夫人のパスポートについていた。不注意な役人が昼食を夫人のパスポートにこぼしたに違いない。

　すぐに、伯爵がやって来た。大柄で、ハンサムな男性で、フランス語を流暢に話した。妻を伴ってはいなかった。

　「伯爵」ポアロが言った。「奥さまはお見えにならないのですか？」

　「はい、あなたにお話しすることは何もありませんからね」伯爵が答えた。きっぱりした口調だった。「わたしも妻も、何もお助けできないと思います。ふたりともずっと眠っていましたから」

　ここでも、ポアロはラチェットの身元を説明したが、この知らせを聞いても伯爵は動揺したように見えなかった。

　「それは驚きです」伯爵が言った。「しかし、似たような事件はアメリカでよく起こりますからね」

　「アメリカに行かれたことはありますか、伯爵？」

　「ワシントンに1年おりました」

"你见过叫阿姆斯特朗的人吗?"

"阿姆斯特朗? 我一时想不起来啊。我在美国见过很多人。"

"昨晚晚饭后你做了什么?"

"我和夫人一起在我的房间打牌,一直打到十一点左右。然后她就回自己房间睡觉了。我也上床睡了,一直到天亮。"

"你注意到火车停了吗?"

"没,我今天早上才知道的。"

"那你的夫人怎么样呢?"

"乘坐火车时,我夫人总是服用安眠药。所以她一觉睡到天亮。不好意思,我没有任何有用的信息。"

"没关系,伯爵先生。但你能让夫人也来这儿一趟吗?"

"我夫人没有来这里的必要。我之前也对你说过,她什么都不知道。"

"你说的对。但只是走个形式而已。我需要和每个人都聊上两句。"

伯爵看着波洛,半天没说话。最后,他终于说他会把夫人带来。

几分钟后,年轻貌美的伯爵夫人出现了。

■ 打牌 トランプをする ■ 注意 気づく ■ 没关系 かまいません ■ 一趟 一回 ■ 半天 しばらく、長い間 ■ 终于 ようやく、やっと ■ 年轻貌美 若くて美しい

「アームストロングという名前の人に会われましたか？」

「アームストロング？　ちょっと思い出せませんね。アメリカではずいぶん多くの人に会いましたから」

「昨夜、夕食後は何をなさっていましたか？」

「妻といっしょにわたしの部屋に行き、11時ごろまでトランプをしました。その後、妻は自室に戻り、床につきました。わたしも床につき、朝まで眠っていました」

「列車が止まったことに気づかれましたか？」

「いいえ、今朝まで知りませんでした」

「奥さまはいかがでしょう？」

「列車で旅行するときは、妻はいつも睡眠薬を服用します。ですから、朝まで眠っていました。役に立つ情報がなくて申し訳ありません」

「かまいませんよ、伯爵。ですが、奥さまにもここに来るように頼んでいだけませんか？」

「妻がここに来る必要はありません。前にも申しましたように、何も知りませんからね」

「おっしゃる通りです。しかし、ほんの形式にすぎませんから。全員と話す必要があるのです」

　伯爵はポアロを見つめ、しばらく何も言わなかった。そしてようやく、夫人を連れて来ると言った。

　若く美しい伯爵夫人が数分後に現れた。

"抱歉让你走一趟。"波洛说。"我只问两三个问题就好。我想知道你昨晚是否看到或听到了什么异常情况。"

"不，我什么也没听到。"
"你没听到隔壁房间传来的吵闹声吗？一位美国女士按铃呼叫列车员，她整晚都在大喊大叫。"
"我没听见。因为我吃了安眠药。我整晚都在睡觉。"

"是这样啊。那我不能再耽搁你了。但我想问你一件事。你的长袍是什么颜色的？"
"是黄色的。"伯爵夫人大声笑着回答。"这很重要吗？"

"非常重要，伯爵夫人。"波洛回答道。"非常感谢。"

"她真漂亮啊。"伯爵夫人离开后，布克微微叹了口气说。

波洛也表示同意，但他此刻在想伯爵夫人护照上污渍的事。

■ 大喊大叫 大声で叫んだりする ■ 整晚 一晩中 ■ 耽搁 引き止める ■ 漂亮 きれい ■ 叹気 ため息をつく ■ 此刻 このとき

「わざわざすみません」ポアロが言った。「2、3の質問をするだけです。昨夜、何か普通でないことを見たり、聞いたりされなかったか知りたいのです」

「いいえ、何も聞いておりません」

「お隣の部屋から大きな音が聞こえなかったのですか？　アメリカのご婦人がベルで車掌を呼び、夜のあいだ大声で叫んでいたのですよ」

「聞いておりません。だって、睡眠薬を飲んでいましたから。一晩中、眠っていました」

「ああ！　それではこれ以上お引きとめできませんね。ですが、お尋ねしたいことがあります。ガウンは何色ですか？」

「黄色です」夫人は声を立てて笑いながら答えた。「それが重要なのですか？」

「とても重要です、伯爵夫人」ポアロが答えた。「ありがとうございました」

「きれいな方ですね」夫人が去ったあと、ブークが小さくため息をつきながら言った。

ポアロも同意したが、夫人のパスポートの汚れたしみのことを考えていた。

覚えておきたい中国語表現

> 这次悲惨的事件该不会危及到我列车员的工作吧？（p.68, 下から7-6行目）
> この悲惨な事件で、車掌の職が危うくなることがなければよいのですが。

この文に出てくる「该不会」という表現に注目していただきたいです。「该」は「〜べきだ」「〜はずだ」という意味の助動詞で、「不会」は「〜ない」「〜しない」という否定の意味を表します。この2つが組み合わさることで、否定的な疑問や推測、懸念などの意味合いが生まれます。

【例文】

① 这次的事故该不会影响我的前途吧？
   この事故が私の将来に影響を及ぼすことはないはずだよな？

② 这件事该不会这么简单吧？
   この件はこんなに単純ではないだろう？

③ 他该不会又忘了吧？
   彼はまた忘れていないよね？

> 他罪有应得。这样的人不配活着！（p.74, 下から6-5行目）
> 当然の報いを受けたのです。あんな男は生きる資格がありません！

この文の中の「不配」は、「不 + 動詞」の形式で、ある資格や価値がないことを表す否定の表現です。話し手の強い非難の気持ちが込められていることが多く、状況によっては非常に厳しい言い方になります。もちろん、適切に使えば、相手への強い否定的評価を明確に示すことができますが、言い過ぎに注意が必要です。

【例文】

① 他做的事禽兽不如，他这种人不配被原谅。
   彼のしたことは畜生以下だ、そんな人間は許される資格はない。

② 你既没有能力也没有号召力，不配做我们的领导。
   あなたには能力も人を惹きつける力もない、私たちのリーダーにふさわしくない。

③ 如此巨大的财富你这种人不配拥有。
　　あなたのような人は、そのような大きな富に値しない。

你回去的时候，有没有把门栓再锁上？（p.76, 下から2行目）
戻ったとき、そのかんぬきをもとに戻しましたか？

　この文に出てくる「有没有」という表現は、「有」と「没有」を組み合わせた疑問形式で、「ある／する」か「ない／しない」かを尋ねる表現です。また、疑問文の語順も「有没有 ＋ 動詞 ＋ 目的語」と比較的自由度が高いため、様々な表現が可能であり、会話の中で大活躍する文法構造なのです。

【例文】

① 你刚才有没有看见我的钥匙？
　　先ほど私の鍵を見かけましたか？

② 我一会要去超市，你帮我看看冰箱里还有没有鸡蛋。
　　今からスーパーに行くので、冷蔵庫に卵が残っているか確認してくれる？

③ 你有没有做过那件事你自己心里不清楚吗？
　　あの件をやったかどうか、自分でもよくわからないのか？

之后我就一直在看书。怎么也睡不着。（p.82, 下から7行目）
そのあとはずっと読書しておりました。なかなか寝つくことができませんでした。

　この文に出てくる「怎么也」は、「どうしても」「どうにかしてでも」といった強い意志や決意、強調を表す重要な表現です。このような強調の表現は、話し手の気持ちを込めて状況をリアルに伝えることができる重要な技法です。

【例文】

① 我怎么也想不到这件事竟然是他做的！
　　この事件が彼の手によるものだとは思いもつかなかった！

② 这个英语单词我怎么也记不住！
　どうしてもこの英単語が覚えられない！

③ 出了这么大的事，我怎么也得去看看！
　そんな状況だから、とにかくチェックしなければならなかった！

房间里漆黑一片，太恐怖了，我连声都不敢出。（p.88, 2-3行目）
とても暗くって、あまりに怖いものだから、叫ぶこともできなかったの。

　この文の中の「连～都～」は、通常は除外されがちな最小の範囲までを含めて強調したり、程度の大きさを強調したりする重要な表現です。例文では、「声さえも出せなかった」と、最小限の行為さえもできなかったことを強調して表しています。

【例文】

① 连小孩子都明白的道理你却不明白。
　子供でも分かっていることが、あなたには分かっていない。

② 他们不相信我就算了，连你都不相信我了吗?
　あいつらはまだしも、あなたさえも私を信じないのか？

我的天啊！我简直不敢相信！（p.92, 4行目）
なんてことなの！　信じられませんわ！

　この文に出てくる「我的天啊！」は、驚きや感嘆を表す慣用的な言い回しで、英語でよく使われる「Oh, my God！」に相当します。類似の慣用表現として、「我的老天爷啊」「我的妈啊」「我的祖宗啊」「我（勒个）去」などがあります。適切に使いこなせば、会話に自然な感情の起伏が出て生き生きとした表現になりますが、場合によっては不適切な表現になるので注意が必要です。

【例文】

① 我的天啊！想不到好运竟会落到我头上。

なんてことだ！こんな幸運が舞い込んでくるなんて。

② 我去！他说这话之前也不动动脑子！

マジかよ！あいつは言う前に考えもしないのか！

只要一想到这些恶魔般的人我就……（p.96, 下から3行目）
そんな悪魔のような人間がいると考えただけでも……

　この文の中の「只要〜就〜」は、条件と結果の因果関係を明確に表す重要な構文です。「只要」の部分が条件を、「就」の部分が条件に基づく結果を表します。また、話し手の意志や強調の意味合いも込められています。

【例文】

① 只要我愿意，就什么都可以做到。

私が本気を出せば、何でもできるようになる。

② 只要你不说出去，就没有人会知道我们的秘密。

あなたがばらさなければ、私たちの秘密が知られることはない。

③ 只要明天不下雨，我们就去公园野餐。

明日雨が降らなければ、公園でピクニックに行こう。

尽管公爵夫人身材娇小、体弱多病，但她的举止却显得庄重而干练。
（p.100, 6-7行目）
小さく弱々しい体にもかかわらず、公爵夫人の態度は堂々として、てきぱきしていた。

　この例に出てくる「尽管〜但〜」は、前半と後半の内容が逆の関係にあることを表す接続詞の組み合わせです。例文では、前半で公爵夫人の体格や体調の悪さを述べ、後半でその逆の行動を対比的に示しています。

覚えておきたい中国語表現

④ 尽管他是世界首富，但他从不炫耀。

彼は世界一の富豪であるにもかかわらず、決して見せびらかすようなことはない。

⑤ 尽管她是一位单亲妈妈，但她还是努力给孩子最好的教育。

彼女は一人親であるが、それでも子供に最良の教育を受けさせようと努力している。

不过话说回来，类似的事件在美国也时有发生。（p.104, 下から4-3行目）

しかし、似たような事件はアメリカでよく起こりますからね。

　文の最初に出てくる「不过话说回来」は、話題を転換する際によく使われる言い回しで、会話の自然なリズムを作り出すのにとても役立ちます。

【例文】

① Ａ：最近工作忙得很！有时候连饭都顾不上吃。

　　Ｂ：再忙也要注意身体啊。不过话说回来，上次那个项目你们做的怎么样了？

　　Ａ：最近仕事が忙しくて大変なんだ。時には食事を取る暇もないくらいだよ。

　　Ｂ：忙しくてもあんたの体を大切にしないとね。そうだ、話は変わるけど、前にやってた例のプロジェクトはどうなった？

② Ａ：最近物价飞涨，大家的生活都不好过啊。

　　Ｂ：确实啊。不过话说回来，我拜托你的那件事最后怎么样了？

　　Ａ：最近物価が高騰しまくってさ、みんな生活が苦しくなってるよ。

　　Ｂ：そうだね。ところで話は変わるけど、前に頼んだあの件、結局どうなったの？

我之前也对你说过，她什么都不知道。（p.106, 下から7-6行目）

前にも申しましたように、何も知りませんからね。

　この文に出てくる3つの副詞「也（も、また）」「都（全て、みんな）」「不（否定）」が同時に現れる場合、一定のルール、すなわち「也 → 都 → 不」という順番を守らなければなりません。

【例文】

① 关于那件事我也不太清楚是怎么一回事。

　あの件については私もよく状況がわからない。

② 除了你之外，公司里其他员工都不会说日语。

　あなた以外の社員は誰一人として日本語が話せない。

③ 别说是小朋友了，很多大人也都不愿意吃这种蔬菜。

　子供はおろか、多くの大人さえもこの野菜を食べたがらない。

16

第八章
阿布斯诺特上校的证词

这时，一位英国上校走了进来。面对几个外国人的盘问，他似乎并不高兴。经过一番询问，波洛发现上校正从印度前往英国。上校在巴格达停留了三天，去看了一位老朋友。

"您在巴格达见过德本汉姆小姐吗？"波洛问道。

"不，我们是在从基尔库克到尼西宾的火车上认识的。"
"德本汉姆小姐是英国人。"波洛说着，身体向前倾了倾。"作为一个英国人，你觉得她怎么样？"
"你问这话是什么意思？"阿布斯诺特上校气愤地说道。"德本汉姆小姐可是位淑女。"
"事实上，有证据表明凶手是个女人。所以，我们需要了解这列火车上所有女性的性格。然而，英国女人是不会表现出情绪的。你愿意协助我们吗？"

■ 盘问 取り調べ　■ 向前倾 前に乗り出す　■ 觉得 思う、評価する　■ 气愤 腹を立てる　■ 情绪 感情　■ 协助 協力する

第8章
アーバスノット大佐の証言

　今度はイギリス人の大佐が入って来た。数人の外国人に質問されることが面白くなさそうだった。多少てこずったが、ポアロは大佐がインドからイギリスに旅行していることを聞き出した。大佐は3日間バグダッドに立ち寄り、昔の友人に会っていた。

　「デベナムさんにはバグダッドで会われたのですか？」ポアロが尋ねた。

　「いや、キルクークからニシビンまでの列車のなかで会った」

　「デベナムさんはイギリス人女性です」ポアロが言って、身を乗り出した。「イギリス人男性として、彼女のことをどう思われますか？」

　「なんという質問をするのだ？」アーバスノット大佐が腹を立てた。「デベナムさんは淑女ですぞ」

　「実は、この殺人の犯人は女性だという証拠があります。この列車のすべての女性の性格を知っておく必要があるのです。しかし、イギリス人女性は感情を表に出しません。協力していただけませんか？」

"我可以向你保证，德本汉姆小姐与此案完全无关。"上校说。

"我明白了。那我们继续。犯罪可能发生在凌晨一点十五分左右。你当时在做什么？"

"我和一个美国年轻人麦奎恩在他的房间里聊天。昨天，我们从一些小事聊起，最后就政治问题讨论了很久。我在文科夫奇站下车，想抽根烟。但外面太冷，所以我又回到火车上了。"

"你抽卷烟吗？"

"不抽，我抽烟斗。"

"你们的谈话是什么时候结束的？"

"我想大概是两点左右。然后我就回房间睡觉了。"

"你和麦奎恩先生说话的时候，有没有看到过道上有人走来走去？"

"我记不起来了……对了，我想我看到一个女人经过。我没有仔细看，但我注意到一股水果香味，还有什么东西从门边经过。确实是个女人。"

"你听说过阿姆斯特朗绑架案吗？"

上校摇了摇头，波洛便解释了这件事，并告诉了他雷切特的真名。上校虽然很吃惊，但他并不认识阿姆斯特朗家的任何人。

■ 保证 断言する ■ 无关 関係がない ■ 结束 終了する、終わる ■ 水果 果物 ■ 香味 香り
■ 摇头 首を横に振る

「デベナムさんは、この事件にまったく関係がないと断言できる」大佐
が言った。

「なるほど。では次に進みましょう。犯行は午前1時15分ごろに行われ
た可能性があります。その時間、何をなさっていましたか?」

「アメリカ人の青年、マックィーンと彼の部屋で話をしていた。昨日、ふ
としたことで話を始め、長いあいだ政治に関する話をすることになった。
たばこを吸おうとヴィンコヴチ駅で列車を降りた。しかし、外は寒すぎた
ので、列車に戻った」

「紙巻たばこを吸われますか?」

「いや、パイプだ」

「会話は何時に終わりましたか?」

「2時ごろだったと思う。それから自分の部屋に戻ってベッドに入った」

「マックィーンさんと話をされているあいだに、通路を行ったり来たり
する人を見かけませんでしたか?」

「思い出せそうもないな……そうだ、女がひとり、通り過ぎた気がする。
ちゃんと見たわけではないが、果物のような香りと、何かがドアの前を通
り過ぎることに気がついた。たしかに女だったね」

「アームストロング誘拐事件のことはご存知ですか?」

大佐が首を横に振ると、ポアロは事件を説明し、ラチェットの本名を告
げた。大佐は驚いたが、アームストロング家の誰のことも知らなかった。

"对了，您还有什么想说的吗？不管多小的事都行。"波洛问道。

"有一件事我很在意。"上校说。"也不是什么大不了的事，但在我回房间的路上，我注意到走道的一头有个人打开门，并向过道里张望。他一注意到我，就把门关上了。好像不想让人看到他似的。这件事也许并不重要……"

"这件事很有意思。"波洛说。

"是嘛，那么我这就告辞了……"上校说着起身离开。

上校走后，波洛深深地坐了下去。

"说自己吸烟斗的只有上校。"他说。

■ 在意 気になる　■ 张望 のぞく　■ 告辞 失礼する

「ところで、どんなことでもかまいませんから、ほかに言っておきたいことはありませんか？」ポアロが訊いた。

「気になることがある」大佐が言った。「たぶんたいしたことでないと思うが、部屋に戻る途中、1番端の部屋の男がドアを開けて通路をのぞいていることに気づいた。私の姿に気づくと、すぐにドアを閉めた。まるで自分の姿を見られたくないようだった。おそらく、重要なことではないだろうが……」

「興味深い話です」ポアロが言った。

「そうかね、それでは……」大佐はそう言うと、出て行こうとして立ち上がった。

大佐が立ち去ると、ポアロは深く腰をかけた。

「パイプを吸うことを認めたのは大佐だけだ」彼は言った。

17

第九章
哈德曼先生的证词

　　头等车厢的最后一位乘客是哈德曼先生。他是一位美国推销员。

　　"先生们，我能为你们做些什么？"他微笑着问道。

　　"我们在调查昨晚的谋杀案。请告诉我们你昨晚晚饭后干了什么。"波洛说。

　　笑容从推销员的脸上消失了。

　　"请问，你们到底是什么人？"哈德曼问道。

　　波洛解释了他本人、布克先生和康斯坦丁医生的立场。

　　"你是赫尔克里·波洛吗？"哈德曼说。"我听说过你的大名。我还是说实话吧。事实上，我自己也是个私家侦探。"

　　哈德曼递给了波洛他的名片。上面写着"赛勒斯·哈德曼，纽约麦克尼尔侦探事务所"。

　　波洛认识这家侦探社。那是美国声誉最好的侦探社之一。

■ 推销员 セールスマン　■ 微笑 微笑む　■ 消失 消える　■ 私家侦探 私立探偵　■ 名片 名刺
■ 声誉 評判

第9章
ハードマン氏の証言

　一等室の乗客の最後はハードマン氏だった。アメリカ人のセールスマンである。

　「ぼくに何かご用ですか、みなさん？」彼はにこやかに訊いた。

　「昨夜の殺人事件を調べています。昨夜、夕食後に何をしていたか教えてください」ポアロが言った。

　にこやかな笑みが消えた。

　「すみませんが、みなさんはいったい何者なのですか？」ハードマンが訊いた。

　ポアロは自分や、ブーク氏、コンスタンチン医師の立場を説明した。

　「エルキュール・ポアロですか」ハードマンが言った。「あなたの評判は聞いています。本当のことを言ったほうがよさそうですね。実は、ぼくも私立探偵なのです」

　ハードマンはポアロに名刺をわたした。そこには「サイラス・ハードマン、マクニール探偵社、ニューヨーク」と書かれていた。

　ポアロはその探偵社を知っていた。アメリカで最も評判のいい探偵社のひとつだった。

"哈德曼先生，你为什么坐这趟火车？"

"我当时正在伊斯坦布尔调查一起案件。我已经完成了工作，正准备返回纽约。但在托卡特里安酒店，我收到了来自雷切特先生的一封信。信中说，他知道我在麦克尼尔侦探社工作，并雇我做贴身护卫。"

"请继续。"波洛说。

"我在酒店见到雷切特先生时，他给我看了他收到的恐吓信。我的任务就是陪同他外出，保护他的人身安全。嗯，确实有人在追杀他。雷切特告诉了我凶手的大致特征。"

"你确定吗？"波洛惊讶地问。"是什么特征？"

哈德曼回答道："雷切特说凶手是个身材矮小、皮肤略黑、声音像女人的男人。"

"嗯。"波洛若有所思地喃喃自语。"你知道雷切特是谁吗？他的真名叫卡塞蒂，阿姆斯特朗绑架案就是他干的。"

哈德曼睁大了眼睛。

"真的吗？哎呀，真没想到！我当然知道这件事，但事发时我在欧洲。"

"请继续说下去。"

■ 贴身护卫 身辺警護　■ 继续 続ける　■ 特征 特徴　■ 喃喃自语 つぶやく

「どうしてこの列車に乗っているのですか、ハードマンさん？」

「イスタンブールで事件を調査していました。仕事が終わり、ニューヨークに帰国しようとしましたが、トカトリアン・ホテルでラチェット氏からの手紙を受け取りました。手紙には、彼はぼくがマクニール社で働いていることを知っていて、身辺警護のためにぼくを雇ったと書いてありました」

「つづけてください」ポアロが言った。

「ホテルでラチェット氏に会うと、受け取った脅迫状を見せられました。ぼくの仕事は、旅に同行して、彼の身を守ることでした。ええ、たしかに誰かが彼を狙っていたのです。ラチェットは殺人者のおおよその特徴を教えてくれました」

「本当ですか？」ポアロは驚いて尋ねた。「どんな特徴ですか？」

「ラチェットによると、殺人者は小柄で、浅黒く、女のような声をした男だそうです」ハードマンが答えた。

「うーん」ポアロが考え込んでつぶやいた。「ラチェットの正体を知っていましたか？ 本名はカセッティで、アームストロング誘拐事件の犯人です」

ハードマンは目を大きく開いた。

「そうなんですか？ ああ、驚きだ！ もちろん事件のことは知っていますが、事件が起きたときヨーロッパにいたのです」

「さあ、話をつづけてください」

"我已经没有多少要说的了。自从雷切特雇佣了我，我白天睡觉，晚上起床。我把房间的门打开了一点，看看有没有人进入雷切特的房间。昨晚，像往常一样，我一直盯着通道，但没有我以前没见过的人上火车。"

"一个都没有吗？"

"是的。"

"从你所在的位置，能看到列车员吗？"

"能，因为列车员就在附近。那天晚上他看起来非常忙。火车驶出文科夫奇站后停了下来——有人告诉我是因为积雪的缘故。列车员被铃声叫去了某个人的房间，从房间里传出一个用法语说的声音，说这只是个误会。接着，又一阵铃声响起，列车员让德国女士去某个人的房间——可能是那位俄罗斯女士的房间。然后他到后车厢去了十五分钟。这时，铃声又开始疯狂地响了起来。列车员回来了，又去了响铃的地方。是那位美国女士的房间。

随后铃声再次响起，列车员将一瓶水送到了某人的房间。然后他就坐在座位上，直到给美国秘书准备床铺。然后他就一直坐在那里，直到凌晨五点左右。"

■ 雇佣 雇う　■ 位置 場所、ところ　■ ～的缘故 ～の所以　■ 误会 誤解

「もうそんなに言うことはありません。ラチェットに雇われてから、昼間は眠り、夜間に起きていました。部屋のドアを少し開けて、誰かがラチェットの部屋に入らないか見張りました。昨夜、いつものように通路を見張っていましたが、見たことのない人間が列車に乗り込んで来ることはありませんでした」

「まったくなかったのですね？」

「そうです」

「あなたのいたところから、車掌が見えましたか？」

「はい、車掌は近くにいましたから。その夜はとても忙しそうでした。ヴィンコヴチ駅を出たあとで列車が止まりました——雪のせいだと聞いています。車掌がベルで呼ばれて誰かの部屋に行くと、部屋のなかから間違っただけだとフランス語で言う声がしました。それから別のベルが鳴ると、車掌はドイツの婦人に、誰かの部屋に——たぶん、ロシアの婦人のところに——行くように言いました。そのあと、後方の車両に15分ほど出かけていました。ところが、ベルが狂ったように鳴り始めました。車掌は戻って来てベルのところに行きました。アメリカの婦人の部屋でした。

すると、またベルが鳴り、車掌は誰かの部屋に水の瓶を1本届けました。その後はアメリカ人秘書のベッドの用意をするまで、自分の席に座っていました。それから午前5時ごろまでずっと腰かけていました」

　　"谢谢你提供的宝贵信息。"波洛说。"在离开房间之前，你是想来根卷烟，还是来个烟斗？"

　　"来根卷烟吧。"哈德曼回答道。于是他抽出一支烟后离开了房间。

　　三个人坐在一起陷入了沉思。

　　"一个身材矮小、皮肤略黑、声音像女人的男人。"布克喃喃地说。

　　"火车上没有人符合这些条件呀。"波洛说。

■ 宝贵 貴重　■ 陷入沉思 考えにふける　■ 符合～ 〜に当てはまる

「貴重な情報をありがとうございました」ポアロが言った。「部屋を出られる前に、紙巻たばこはいかがですか、それともパイプのほうがよろしいですか？」

「では紙巻たばこを」ハードマンは答えると、1本抜いて部屋を去った。

3人の男たちは深く腰かけ、考えにふけった。

「小柄で、浅黒く、女のような声をした男」ブークがつぶやいた。

「列車のなかの誰にも当てはまらないですね」ポアロが言った。

18

第十章
意大利人的证词

安东尼奥·福斯卡雷里微笑着来到餐车。他出生在意大利，但已加入美国国籍，是福特汽车公司的销售代表。关于他的工作、旅行以及汽车行业的事他都知无不言。他似乎没有什么可隐瞒的。

当福斯卡雷里停下来喘气时，波洛告诉了他雷切特的真实身份。福斯卡雷里大吃一惊。

"我记得阿姆斯特朗案。"他说，"一个女孩……我想是一个非常年轻的女孩……被绑架了，对吗？"

"是的。你认识或见过阿姆斯特朗家的任何人吗？"

"不认识。但美国有各种各样的人，你不可能记住遇到的每一个人，对吧？"

"昨晚晚饭后你做了什么？"

"我尽可能久地待在餐车里。我喜欢和人聊天。我和美国售货员聊了几句，就回到了自己的房间。房间里空无一人——英国随从可能去了他雇主的房间。他一回来，就坐在房间的角落里看书。他是个无聊的人。"

■ 销售代表 販売員　■ 知无不言 何でも話す　■ 隐瞒 隠し事をする　■ 喘气 息をつく　■ 记住 覚える　■ 无聊 退屈、つまらない

第10章
イタリア人の証言

　アントニオ・フォスカレリが微笑みながら食堂車にやって来た。生まれはイタリアだが、アメリカに帰化して、フォード自動車会社の販売員をしている。彼は自分の仕事、旅行、自動車業界について何もかも語った。隠し事などなさそうだった。

　フォスカレリが話を止めて息をつくと、ポアロはラチェットの正体を話した。フォスカレリは驚いた。

　「アームストロング事件のことは覚えています」彼が言った。「女の子が……たしか、ずいぶん幼い子が……誘拐された、そうですよね？」

　「そうです。アームストロング家の誰かを知っていた、あるいは会ったことはありますか？」

　「いいえ、ありません。しかし、アメリカにはあらゆる種類の人間がいますから、会った人をいちいち覚えていられませんよね？」

　「昨夜、夕食後に何をしていましたか？」

　「できるだけ長く、食堂車にいました。人と話すのが好きですからね。アメリカ人のセールスマンとしゃべり、そのあと部屋に戻りました。部屋は空でした——イギリス人の従者は、おそらく雇い主の部屋に行っていたのでしょう。戻って来ると、端っこに座って本を読んでいました。退屈な男ですよ」

"之后发生了什么?"

"列车员来给我们准备床铺。我在上铺,所以我上了床,抽了根烟,读了会儿书。不知不觉就睡着了。"

"晚上有人进出你的房间吗?"

"我觉得没有。因为那样我就会听到动静。"

"你抽烟斗吗?"

"不,我只抽香烟。"

"谢谢你,福斯卡雷里先生。我要说的就这些。"

福斯卡雷里热情地微笑着,祝他们三个有美好的一天。

"他一定就是凶手!"意大利人刚一离开,布克就说道。"他是意大利人! 只有意大利人能在暴怒之下捅一个人十二刀。另外,卡塞蒂是个意大利名字。他们俩应该就是犯罪同伙。"

"你的结论下得也太快了,我的朋友。"波洛说。"我不相信这起谋杀是出于激情。它是经过长期精心策划的。我认为凶手头脑清醒。就像玛丽·德本汉姆一样。现在就让我们把她叫过来吧。"

■ 不知不觉 気づかないうち ■ 进出 出入りする ■ 动静 物音 ■ 暴怒 大怒り ■ 捅 刺す
■ 犯罪同伙 犯罪仲間 ■ 结论 結論 ■ 策划 計画する ■ 头脑清醒 頭が冷静である

「それからどうしました？」

「車掌が来てわたしたちのベッドの支度をしてくれました。私は上段なので、ベッドに上がり、たばこを吸って読書しました。そのうち眠ってしまいました」

「夜のうちに誰かがあなたの部屋に出入りしませんでしたか？」

「そんなことはなかったと思います。それなら音が聞こえたはずですから」

「パイプを吸いますか？」

「いいえ、紙巻たばこだけです」

「ありがとうございます、フォスカレリさん。これで終わりです」

フォスカレリは暖かい微笑を浮かべ、3人の男にごきげんようと言った。

「彼が殺人犯に違いない！」イタリア人が去るとブークが言った。「彼はイタリア人だ！　怒りに駆られて人を12回も刺せるのはイタリア人だけだ。そのうえ、カセッティはイタリア人の名前だ。おそらくふたりは、犯罪仲間でしょう」

「あなたは結論に飛びつきすぎます、友よ」ポアロが言った。「今回の殺人が激情に駆られたものだとは思えません。長いあいだに周到に計画されたのです。わたしが思うに、犯人は冷静な心の持ち主です。メアリ・デベナムのようにね。さあ、彼女を呼び出しましょう」

19

第十一章
德本汉姆小姐的证词

德本汉姆小姐来到餐车。她穿着一套黑色套装，沉着而整洁。她在波洛的正对面坐下。

"你叫玛丽·赫敏·德本汉姆，今年26岁?"波洛问道。

"是的。"

"昨晚晚饭后你做了什么?"

"没什么特别的。我上床睡觉了。"她回答道。她显得极为平静。

"这列火车上发生了谋杀案，对此你没有一点不安吗?"

这个问题让德本汉姆小姐大吃一惊。

"我……没有，我并没有很在意。你为什么要问这样的问题?"

"德本汉姆小姐，因为你几乎从不表露感情。"

■ 沉着 落ち着く　■ 表露（感情などを）表す

第11章
デベナム嬢の証言

　デベナム嬢が食堂車に来た。落ち着いて、黒いスーツにすっきりと身を包んでいた。彼女はポアロの真向かいに座った。

　「お名前はメアリ・ハーマイオニー・デベナムで、年齢は26歳ですね？」ポアロが尋ねた。

　「そうです」

　「昨夜、夕食後はどうされていましたか？」

　「言うほどのこともありません。ベッドに入って眠りました」彼女が答えた。極度に落ち着いていた。

　「この列車で殺人が起こったことは、少しも気にならなかったのですか？」

　この質問にデベナム嬢は驚いた。

　「わたしは……いいえ、特に気になりませんでした。どうしてそのようなことをお尋ねになるのですか？」

　「ほとんど感情を表されないからです、デベナムさん」

"因为每天都有人死去。我不会为这种事而变得歇斯底里。"

"你知道雷切特是什么人吗？"

她点了点头。

"赫伯德太太把这件事告诉了所有人。"

"你要从巴格达去伦敦，是吗？"

她再次点了点头。

"你在巴格达做什么？"

"我是一名家庭教师。我打算去伦敦度假。"

"你和格丽塔·奥尔森同住一个房间吧。她的长袍是什么颜色的？"

德本汉姆小姐睁大眼睛看着波洛。

"我记得是浅棕色的。"

"你的是什么颜色的？"

"紫色。"

"谢谢。就这样吧。"波洛冷冷地说。

年轻女子似乎对质询如此迅速地结束，且语气如此疏远感到惊讶。她匆匆离去，只把三个男人留在原地。

■ 歇斯底里 ヒステリー　■ 度假 休暇を過ごす　■ 浅棕色 薄茶色　■ 语气 口調　■ 疏远 よそよそしい　■ 匆匆 急いで

「だって、毎日のように人は亡くなります。そのようなことでヒステリーを起こしはしません」
「ラチェットの正体をご存知ですか？」
彼女はうなずいた。
「ハバード夫人がみんなに話されていました」
「あなたはバグダッドからロンドンに行かれるのですね？」
ふたたび、彼女がうなずいた。
「バグダッドでは何をされていましたか？」
「家庭教師をしていました。ロンドンには休暇で参ります」
「グレタ・オルソンさんと同室ですね。彼女のガウンは何色ですか？」

デベナム嬢が目を見開いてポアロを見つめた。
「薄茶色だと思います」
「それであなたのは？」
「紫色です」
「ありがとうございます。これで終わりです」ポアロが冷やかに言った。
　若い女性は面接があまりに早く、よそよそしい調子で終わったことに驚いたようだった。彼女は急いで立ち去り、3人の男たちが残された。

20

第十二章
德国女仆的证词

玛丽·德本汉姆离开后，布克转向波洛。

"你为什么对她如此冷淡，我的朋友？你是在怀疑她吗？"

"有两个原因。"波洛说。"第一，德本汉姆小姐完全没有表露感情。她几乎没有透露自己的想法。所以我觉得应该刺激她一下。其次，因为我真的在怀疑她。"

当波洛的两个同伴惊讶地看着他时，波洛告诉他们，他无意中听到了玛丽·德本汉姆在从阿勒颇出发的旅途中对阿布斯诺特上校说的话。

"确实很可疑啊。"康斯坦丁医生说。"你认为她和上校是同谋？两个凶手，一男一女，这样尸体上留下的几处伤口就解释得通了。"

■ 透露（気持ち、情報など）を明かす　■ 想法 気持ち、考え　■ 可疑 疑わしい　■ 同谋 共犯
■ 解释得通 説明がつく

138

第12章
ドイツ人メイドの証言

メアリ・デベナムが去ると、ブークがポアロに向き直った。

「どうしてあの人にあんなに冷たくしたのですか、友よ？　彼女を疑っているのですか？」

「理由はふたつあります」ポアロが言った。「最初に、デベナム嬢はまったく感情を表さない。自分の気持ちをほとんど明かしません。それで、彼女を揺さぶるのが役に立つと考えたのです、次に、わたしは本当に彼女を疑っているからです」

ポアロのふたりの仲間が驚いて彼を見つめたので、ポアロはアレッポからの旅中にメアリ・デベナムがアーバスノット大佐に言った言葉を耳にしたことを話した。

「たしかに妙ですな」コンスタンチン医師が言った。「彼女と大佐が共犯だとお考えですか？　殺人者がふたり、男と女というのは、死体に残ったいくつかの傷の説明がつきます」

"没错。但没有支持它的事实根据。"波洛说。"如果上校和德本汉姆小姐一起策划了谋杀,他们就会互相为自己作不在场证明。但是他们并没有。玛丽·德本汉姆的不在场证明是由一个她从未见过的瑞典女人提供的,而上校的不在场证明是由被害者的秘书麦奎恩提供的。这些都说不通。"

布克和康斯坦丁表示同意。

"现在让我们开始询问最后一位乘客吧。"波洛说,"请叫希尔德加德·施密特进来。"

一位德国女仆礼貌地走了进来。波洛友好地笑了笑,用礼貌的德语开始向希尔德加德·施密特提问。首先,他问她昨晚都干了些什么。

"晚饭后我就去睡觉了。但后来列车员来了,说德拉古米罗夫公爵夫人想见我。"

"你知道是什么时候吗?"

"不知道,我没看钟。"

"于是你就穿着红色长袍去见公爵夫人了?"

希尔德加德一脸疑惑地看着波洛。

"不,我的长袍是深蓝色的。不管怎样,我都没有穿长袍。我换上了衣服。我不想穿着长袍去见太太。"

■ 根据 根拠 ■ 策划 企てる ■ 不在场证明 アリバイ ■ 说不通 筋が通らない、辻褄が合わない ■ 礼貌 礼儀正しい、丁寧 ■ 疑惑 戸惑う ■ 不管怎样 どちらにしても

「そうです。しかし、それを支える事実がまったくありません」ポアロ
が言った。「大佐とデベナム嬢がふたりで殺人を企てたとしたら、お互い
にアリバイを証明するはずです。しかし、そうではありませんでした。メ
アリ・デベナムのアリバイは、彼女がこれまで会ったことのないスウェー
デン人の女性が証明し、大佐のアリバイを証明したのは、殺された男の秘
書、マックィーンです。それでは筋が通りません」

　ブークとコンスタンチンが同意した。

　「さて、最後の乗客の面接を始めましょう」ポアロが言った。「ヒルデガ
ルデ・シュミットを呼んでください」

　ドイツ人のメイドが礼儀正しく入って来た。ポアロは親切そうな笑み
を浮かべ、丁寧なドイツ語で、ヒルデガルデ・シュミットへの質問を始め
た。まず、昨夜の行動について尋ねた。

　「夕食後は、寝ていました。ところが、車掌が来てドラゴミロフ公爵夫
人がお呼びだと言いました」

　「何時だったかわかりますか？」

　「いいえ、時計を見ませんでしたので」

　「それで、赤いガウンを羽織って公爵夫人のところに行ったのです
ね？」

　ヒルデガルデは戸惑った顔でポアロを見つめた。

　「いいえ、わたしのガウンは紺青色です。どちらにしても、ガウンを着
ませんでした。服に着替えたのです。ガウン姿で奥さまのところに行きた
くありませんでしたから」

"不好意思。请原谅。请继续。"波洛催促道。

"我给太太按摩，还给她读了书。我读得并不好，但她很喜欢。她说因为我能让她犯困。之后她就瞌睡了，于是我回房间拿了条毯子。我去了她的房间，给她盖上毯子，然后就回自己房间睡觉了。"

"你在走廊里遇到过陌生人吗？"

"没有。"

"你在走廊里看到过一个穿红色长袍的女人吗？"

"没有。"

"那你看到列车员了吗？"

"嗯，他是从离太太的房间两三间远的房间出来的。"

"原来如此。的确，列车员经常会在夜里被铃声叫去乘客的房间。"

"列车员差点和我撞上。我当时正好去给太太送毯子。他正好向餐车那边去。那时铃声响了，但他没往那边走。此外，这个人不是来叫我的那个列车员，而是另一个人。"

"你说是另一个人?! 如果你看到他，你能确认吗？"

"我想应该能确认。"

波洛对布克耳语了几句。布克便离开餐车，带着三名列车员回来了。

■ 请原谅 お許しください ■ 犯困 眠くなる ■ 毯子 毛布 ■ 盖 かける ■ 陌生人 見知らぬ
人 ■ 经常 しょっちゅう、常に ■ 确认 確かめる

「もちろんです。失礼しました。先をつづけてください」ポアロが促した。

「奥さまにマッサージをして本を読んで差し上げました。じょうずに読めないのですが、奥さまはそれを好まれるのです。眠くなるからだそうです。うとうとされたので、毛布を1枚取りに、自分の部屋に戻りました。奥さまの部屋に行って毛布をおかけして、部屋に戻って眠りました」

「通路で、見知らぬ人に出会いませんでしたか？」

「いいえ」

「通路で赤いガウンの女性を見かけませんでしたか？」

「いいえ」

「車掌を見かけましたか？」

「はい、奥さまのお部屋から2、3室離れた部屋から出てきました」

「なるほど。車掌は夜のあいだ、しょっちゅうベルに呼び出されて、乗客の部屋に行っていましたからね」

「車掌はもう少しでわたしとぶつかりそうになりました。奥さまに毛布を持って行くときです。車掌は食堂車の方に向かっていました。そのときベルが鳴ったのですが、そちらの方には行きませんでした。おまけに、その車掌はわたしを呼びに来た車掌ではなく、別の人でした」

「別人ですと！　会えばわかりますか？」

「たぶん、わかると思います」

ポアロはブークに何やらささやいた。ブークは食堂車から出て行き、3人の車掌を連れて戻って来た。

"施密特小姐。"布克说。"你能告诉我昨晚撞到你的是哪个列车员吗?"

希尔德加德·施密特立刻摇了摇头。

"昨晚撞到我的列车员不在这里。"她回答道。

"但这列火车上也没有其他列车员啊。"布克说。

"没错。这里所有的人都身材高大,长相俊朗。我看到的列车员个子不高,皮肤略黑,还留着小胡子。当他向我说'对不起'的时候,他的声音听起来很弱,有些女性化。是的,我记得很清楚。"

■撞 ぶつかる　■长相俊朗 かっこう良い　■小胡子 口ひげ

「シュミットさん」ブークが言った。「昨夜ぶつかったのはどの車掌か教
えていただけますか？」

ヒルデガルデ・シュミットは、すぐさま首を横に振った。

「昨夜、ぶつかった車掌はここにいません」彼女が答えた。

「しかし、この列車にはほかに車掌はいないのですよ」ブークが言った。

「間違いありません。ここにいるのは背が高く、恰幅が良い人たちばか
りです。わたしが見かけた車掌は、小柄で、浅黒く、少し口ひげがあり
ました。『すみません』と謝ったとき、弱々しくて女性のような声でした。
ええ、はっきりと覚えています」

21

第十三章
乘客证词摘要

"一个身材矮小、皮肤略黑的男人，却有着女人般的嗓音。"希尔德加德走后，布克若有所思地说。"我完全弄不明白！明明跟所有乘客都说了话，却一件事也没弄懂！"

"你也不能说得这么绝对，我的朋友。"波洛说。"我们了解到了一些事实，也有了新的问题。首先，雷切特，也就是卡塞蒂，昨晚被人刺杀了，留下了十二处伤口。关于案发时间，有三种可能。根据坏掉的钟，我们推测他死于一点十五分。然而，作案时间可能在一点十五分之前，也可能在那之后。时钟也可能是用来伪装的工具。

现在，如果我们选择相信第一种解释，即案发时间是一点十五分，那么罪犯一定还在这列火车上。因为他不可能不在雪地上留下脚印就离开。

关于犯人的描述，哈德曼说他身材矮小，皮肤略黑，声音像女人。希尔德加德·施密特证实了这一点。此外，在赫伯德太太的房间里还发现了一枚列车员的纽扣。"

■ 若有所思 何かを考えている様子　■ 案发时间 犯行時刻　■ 相信 信じる　■ 描述 描写、説明

第13章
乗客の証言のまとめ

「小柄で、浅黒く、女のような声をした男」ヒルデガルデが去ったあと、ブークが考え込んで言った。「どうも理解できない！　すべての乗客と話をしたのに、何ひとつわからないとは！」

「そうだとは言い切れません、友よ」ポアロが言った。「いくつかの事実がわかっていますし、新たな疑問もあります。まず、ラチェット、つまりカセッティが昨夜、12か所を刺され、殺されたことです。犯行時刻については3つの可能性があります。壊れた時計から、われわれは彼が1時15分に死んだと考えました。しかし、犯行はその前か後に行われ、時計は偽装工作であると考えることもできます。

さて、最初の選択肢を信じる、つまり犯行時刻が1時15分だったとしたら、犯人はまだこの列車にいるはずです。雪の上に足跡を残さずに出て行くのは不可能だからです。

犯人の特徴に関しては、ハードマンが、小柄で、浅黒く、女のような声をした男と証言しました。ヒルデガルデ・シュミットがそれを裏づけています。さらに、ハバード夫人の部屋で見つかった車掌のボタンがあります」

"但如果希尔德加德说的是真的，"康斯坦丁说，"皮埃尔·米歇尔为什么不说他在走廊里看到了她或另一个列车员？"

"皮埃尔当时可能还在赫伯德太太的房间里。"波洛说。

"对，确实，确实。"布克不耐烦地说。"但那个黑皮肤的小个子男人去哪儿了呢？"

"这是个有趣的问题。这个问题只有两种可能的答案。要么是他巧妙地藏在这列火车的某个地方，无法被发现；要么是他作为乘客偷偷地上了这列火车。这就排除了几个乘客——麦奎恩、阿布斯诺特、福斯卡雷里和安德烈尼伯爵都个子太大了。只有那几个侍从身材矮小。另一方面，凶手可能是个穿列车员制服的女人。"

康斯坦丁和布克坐着陷入了沉思。

"还有一个问题。"波洛接着说。"穿红袍的女人是谁？皮埃尔·米歇尔、德本汉姆小姐、麦奎因和我都曾见过她。阿布斯诺特上校还闻到过她身上的气味。她和那个列车员一样，都消失了。她在哪儿？列车员的制服和红色长袍在哪儿？"

■ 不耐烦 イライラする　■ 有趣 興味深い、面白い　■ 藏 隠れる　■ 某个 どこか、どれか　■ 消失 消える

　「しかし、ヒルデガルデの言うことが真実なら」コンスタンチンが言った。「なぜピエール・ミシェルは、彼女か、もうひとりの車掌を通路で見かけたと言わなかったのだろう？」

　「ピエールは、まだハバード夫人の部屋にいたのでしょう」ポアロが言った。

　「ええ、そうです、そうです」ブークがいらいらして言った。「しかしあの小柄で浅黒い男はどこに行ったというのです？」

　「興味深い点です。その疑問には答えが2つだけ考えられます。彼がこの列車のどこかに非常に巧妙に隠れているので見つけることができない、あるいは、乗客としてこの列車にまぎれ込んでいるかのいずれかです。このことから数人の乗客が除外されます。マックィーン、アーバスノット、フォスカレリ、アンドレニ伯爵は大きすぎます。小柄なのは従者だけです。一方、犯人は車掌の制服を着た女である可能性もあります」

　コンスタンチンとブークは座ってじっと考え込んだ。

　「もうひとつ疑問があります」ポアロがつづけた。「赤いガウンの女は誰かということです。目撃したのはピエール・ミシェル、デベナム嬢、マックィーン、それにわたしです。アーバスノット大佐は香りを嗅いでいます。彼女も、もうひとりの車掌と同様、消えてしまいました。彼女はどこにいるのか？　車掌の制服と赤いガウンはどこにあるのでしょう？」

"我明白了!"布克喊道。"让我们检查一下火车上所有的行李吧!"

就在三个人起身准备检查行李的同时,过道对面传来一声尖叫。紧接着,赫伯德太太冲进了餐车。

"太可怕了!"赫伯德太太惊呼道。"这也太可怕了! 在我的化妆包里! 有一把沾满鲜血的……大匕首。"

突然,赫伯德太太晕倒在布克身上。

■ 行李 荷物　■ 尖叫 悲鳴、叫び　■ 冲进 飛び込む　■ 沾满鲜血 血まみれ　■ 匕首 短剣
■ 晕倒 気絶する

「そうだ！」ブークが叫んだ。「列車のなかのすべての荷物を検査しましょう！」

　3人の男が荷物検査のために立ち上がったのと同時に、通路の向こうから悲鳴が聞こえた。直後にハバード夫人が食堂車に飛び込んで来た。

　「恐ろしい！」夫人が叫んだ。「なんて恐ろしいこと！　わたくしの化粧ポーチに！　大きな短剣が、血まみれの……」

　突然、夫人は気絶してブークの上に倒れ込んだ。

22

第十四章
凶器

波洛、康斯坦丁和布克叫来了餐车的服务员，请他照看赫伯德太太，然后就匆匆赶往赫伯德太太的房间。人们都围在门边。守门的皮埃尔·米歇尔把他们三个让进去。

"就在那儿。"列车员指着地板说。"我没有碰过它。"

通往隔壁房间的门上挂着一个化妆袋。下面的地板上躺着一把匕首，可能是从赫伯德太太手中掉落的。表面粘着干涸的血迹。

"你怎么看，医生?"波洛拿起匕首问道。
"嗯。"康斯坦丁回答道。"这肯定就是凶器没错了。它应该与雷切特的任何一处伤口都吻合。"
波洛看了看门把手上的化妆袋。门把手上方约三十厘米处有一把锁。波洛盯着锁看了很久。他似乎陷入了沉思。

■ 服务员 給仕、ウェイター　■ 围 囲む　■ 守门 ドアの番をする　■ 碰 手を触れる、さわる
■ 粘 こびりつく　■ 干涸的 乾いた　■ 血迹 血痕　■ 吻合 一致する、符合する　■ 厘米 センチ

第14章
凶器

　食堂車の給仕を呼んでハバード夫人の世話を頼むと、ポアロ、コンスタ
ンチン、ブークは夫人の部屋に駆けつけた。ドアのまわりに人々が集まっ
ていた。ドアの番をしていたピエール・ミシェルが、3人の男たちをなか
に通した。

　「そこにあります」床を指さしながら、車掌が言った。「わたしは手を触
れていません」

　隣室に通じるドアに化粧ポーチがかかっていた。その下の床には、ハバ
ード夫人の手から落ちたと思われる場所に短剣がころがっていた。表面
に乾いた血がこびりついていた。

　「どう思われます、先生?」短剣を拾い上げながら、ポアロが尋ねた。

　「そうですな」コンスタンチンが答えた。「凶器に間違いありません。こ
れならラチェットのどの傷にも一致するでしょう」

　ポアロはドアの取っ手にかかっている化粧ポーチを見つめた。取っ手
の30センチほど上に錠があった。ポアロは長いあいだ錠を食い入るよう
に見ていた。深く考え込んでいるようだった。

就在这时，赫伯德太太走进了房间。

"我告诉你们。"她毅然决然地说道。"我不能在这个房间里过夜！绝对不行！我宁愿坐在过道里，也不愿意睡在这里！"说着说着，赫伯德太太开始哭了起来。

"当然，夫人！"布克跑到赫伯德太太面前说。"你将马上转去别的车厢。我们会为你在雅典至巴黎的车厢上准备一个房间。那里除了我和康斯坦丁医生，不会有其他人。"

"好吧。"赫伯德太太抹了一把眼泪说。"真是有劳你了。我在这个房间里过得很糟心。而且，睡在一个死人旁边的房间里会把我逼疯的！"

"我们马上把你的行李搬过去。"布克说完，就领着赫伯德太太匆匆去了隔壁车厢。波洛和康斯坦丁紧随其后。

一到新房间，赫伯德太太就高兴地环顾四周。

"很好。"赫伯德太太说。

"我还是有些想不通的地方，夫人。"波洛说。"如果门是锁着的，凶手是怎么进到你房间里的呢？你让格丽塔·奥尔森检查过门锁了吧？"

"是的。因为我没看到有门锁，你不记得了吗？我的化妆包就挂在门把手上。我不得不买个新的化妆包了……"

■ 毅然决然 断固として ■ 过夜 一晩を過ごす ■ 抹眼泪 涙を拭く ■ 有劳 ご苦労様ですが、すみませんが ■ 糟心 気がふさぐ ■ 逼疯 狂わせる ■ 搬 運ぶ ■ 领 連れる ■ 紧随其后 あとにつづく

　ちょうどそのとき、ハバード夫人が部屋に入って来た。

　「言っておきますが」夫人が宣言した。「この部屋には一晩だっていられません！　絶対にいやです！　ここで寝るのなら通路に座っているほうがましです！」そう言うと、夫人が泣き出した。

　「もちろんです、奥さま！」ブークが夫人のそばに走り寄って言った。「すぐに移っていただきます。アテネ-パリ間の車両の部屋を使っていただきましょう。わたしとコンスタンチン医師のほかに誰もおりません」

　「まあ」ハバード夫人が涙をふきながら言った。「ご親切なこと。この部屋では恐ろしい思いをしました。それに、死んだ男の隣の部屋で寝るなんて、気が狂ってしまいますわ！」

　「すぐに、お荷物を運ばせましょう」ブークが言って、隣の車両に急いで夫人を連れて行った。ポアロとコンスタンチンもあとにつづいた。

　新しい部屋に移ると、ハバード夫人はうれしそうに室内を見回した。

　「けっこうですわ」夫人が言った。

　「いまだに腑に落ちないことがあるのですが、奥さま。ドアに錠がかかっていたのなら、どうやって犯人はあなたの部屋に入ったのでしょうな」ポアロが言った。「グレタ・オルソンに錠を調べてもらったのですね？」

　「そうです。だって、錠が見えなかったのですもの、覚えてらっしゃらない？　化粧ポーチが取っ手にかかっていたのよ。新しいポーチを買わなくては……」

"奥尔森小姐有没有把包拿起来检查过锁?"波洛问道。

"有的。我不就是这么说的嘛!"

"我明白。"波洛说。"现在,请允许我查看你的行李。我们也需要检查大家的行李。"

赫伯德太太同意了。波洛和他的同伴卸下赫伯德太太的行李箱,彻底检查了一遍,但一无所获。他们向赫伯德太太表示感谢,然后继续检查其他乘客的行李。

■ 允许 許可する　■ 卸下 降ろす　■ 行李箱 スーツケース　■ 彻底 徹底的に

「オルソンさんがポーチを持ち上げて、錠を調べたのですか？」ポアロが尋ねた。

「そうです。そう言っているじゃないの！」

「わかっております」ポアロが言った。「さて、あなたのお荷物を調べる許可をいただきたい。みなさんの荷物を調べることになっておりますので」

ハバード夫人は同意した。ポアロたちは夫人のスーツケースを降ろして、くまなく調べたが、何も発見できなかった。彼らは夫人に礼を言って、ほかの乗客の荷物検査に移った。

第十五章
乘客行李

波洛他们很快就检查了每位乘客的行李。他们先检查的是哈德曼。他似乎并不介意行李检查。

"我之前还在想你们为什么不早点检查呢。"他笑着对波洛说。"按照美国人的做法，就直接上手做了，不会磨磨蹭蹭的。"

"美国人的做法可能比欧洲人的有效得多。"波洛回过头来微笑着说。"但说到女性，欧洲人却更胜一筹。当一个美丽的法国姑娘对你微笑时……没有比这更好的了！"

哈德曼望向窗外。当他回过头时，眼泪已经在眼眶里打转。

"雪光太刺眼了，我眼泪都流出来了。"他擦了擦眼泪说道。就在这时，布克完成了检查。什么也没发现，于是他继续检查下一个。

■ 似乎～ ～のようだ　■ 介意 気にする　■ 早点 もっと早く　■ 磨磨蹭蹭 ぐずぐずする
■ 比～更胜一筹 ～に勝る　■ 打转 くるくる回る　■ 刺眼 まぶしい

23

第15章
乗客の荷物

　ポアロたちがそれぞれの乗客の荷物を調べるのにそれほど長くはかからなかった。最初にハードマンから調べた。彼は荷物検査を気にしているように見えなかった。

　「どうしてもっと早く検査しないのかと思っていました」彼は笑みを浮かべてポアロに言った。「アメリカのやり方だと、すぐに取りかかりますね、ぐずぐず待ったりしません」

　「アメリカのやり方はヨーロッパより、はるかに効果的でしょうね」ポアロが言って微笑み返した。「しかし、女性となると、ヨーロッパのほうが良いですね。きれいなフランス娘がにっこりすると……これに勝るものはありません！」

　ハードマンは窓の外に目をやった。振り返ると、目に涙がたまっていた。

　「雪がまぶしすぎて、目に沁みますね」そう言って、目をふいた。ちょうどそのとき、ブークが検査を終えた。何も見つからなかったので、次に進んだ。

这次是阿布斯诺特上校。上校正坐着抽他的烟斗。检查他的行李时，他看起来并没有不高兴。波洛他们发现了一盒烟斗清洁器。它和雷切特房间里发现的是同一种类型。波洛把烟斗清洁器作为证物取出后，就继续下一个检查。

接下来是德拉古米罗夫公爵夫人，然后是伯爵和伯爵夫人。他们都接受了检查，但没有发现任何有价值的东西。之后是赫伯德太太以前的房间、雷切特的房间和波洛的房间。波洛他们跳过这些房间，来到二等房间。第一个房间是玛丽·德本汉姆和格丽塔·奥尔森的房间。

"奥尔森小姐。"波洛说。"赫伯德太太今天辛苦了。你能去看看赫伯德太太吗？"

"当然！"格丽塔站起来说。"她真是太可怜了。我马上就去。"

格丽塔离开后，波洛转向玛丽·德本汉姆。

"你把她支开，是为了让我单独留在这儿吧。"玛丽说。

"我想问你一些私人问题。在你从叙利亚出发的途中，我无意中听到了你和阿布斯诺特上校的一段对话。你对他说，'现在请不要说。等一切都结束后再说。'你这话是什么意思？"

玛丽的脸涨得通红，但她仍然保持沉默。

"你必须回答我。"波洛说。

■ 类型 種類　■ 接受 引き受ける、応じる　■ 可怜 気の毒、かわいそう　■ 把～支开 ～を言葉で何かにかこつけてその場から去らせる　■ 涨得通红 真っ赤になる

　今度はアーバスノット大佐だった。大佐は腰かけてパイプをくゆらせていた。荷物を検査されてもいやな顔をしなかった。ポアロたちはパイプ・クリーナーの箱を見つけた。ラチェットの部屋で見つかったものと同じ種類だった。ポアロはパイプ・クリーナーを証拠品として持ち出し、次に進んだ。

　次はドラゴミロフ公爵夫人、それから伯爵夫妻とつづいた。みんな、検査に応じたが、興味のあるものは何も見つからなかった。そのあとにハバード夫人の元の部屋、ラチェットの部屋、ポアロの部屋があった。ポアロたちはこれらの部屋を飛ばして、二等室に移った。最初はメアリ・デベナムとグレタ・オルソンの部屋だった。

　「オルソンさん」ポアロが言った。「ハバード夫人はつらい1日をすごされたようです。夫人のようすを見ていただけませんか？」

　「もちろんですわ！」グレタが言って、立ち上がった。「気の毒な方。すぐに行きますわ」

　グレタが出て行くと、ポアロはメアリ・デベナムに目を向けた。

　「わたしをひとりにするために、あの方を行かせたのですね」メアリが言った。

　「ちょっと個人的なことを伺いたかったのです。シリアからの旅の途中にあなたとアーバスノット大佐の会話を聞きました。あなたは大佐に、『いまはおっしゃらないで。すべてがすんでから』と言われましたが、どういう意味なのですか？」

　メアリの顔は真っ赤になったが、沈黙したままだった。

　「お答えいただかなくてはなりません」ポアロが言った。

"我不能说。"玛丽坚决地说。"我拒绝。但我可以告诉你——在我上这列火车之前，我从没见过那个叫雷切特的人。"

"即使你不回答，"波洛说，"我们也会查出来的。"波洛微微鞠了一躬，继续下一个检查。

接下来是希尔德加德·施密特的房间。她请三人进屋，并在检查时退到一旁。小手提箱里没有发现任何有用的东西。而布克在打开了第二个较大的手提箱后，发出了一声尖叫。

在最上面，放着一件被揉成一团的列车员制服。

波洛迅速仔细检查了一下，发现其中一颗银纽扣不见了。他翻了翻口袋，找到了一把列车员的钥匙。

希尔德加德的脸变得铁青。

"这不是我的！"她喊道。"我发誓我不知道它为什么会在这里！"

"没关系。"波洛安抚她说。"请坐下。我相信你。我知道那件制服不属于你。就像我知道你是个好厨师一样。"

当她坐下后，波洛微笑着轻轻拍了拍她的胳膊。

"你的厨艺很不错吧？"

她虽感到困惑，但稍稍平静下来，露出了微笑。

■ 拒绝 断る　■ 退到一旁 脇に寄る　■ 揉 揉む、丸める　■ 钥匙 鍵　■ 铁青（顔色が）青ざめている　■ 发誓 誓う　■ 属于 属する　■ 厨师 料理人　■ 胳膊 腕　■ 厨艺 料理の腕前

「言えません」メアリは断固として言った。「お断りします。でも、これだけは言えます——この列車に乗るまでは、ラチェットという男を目にしたことはありません」

「あなたがお答えにならなくても」ポアロが言った。「見つけ出します」。軽くお辞儀をしてポアロは次に進んだ。

次はヒルデガルデ・シュミットの部屋だった。彼女は3人を招き入れ、検査のあいだ脇に寄っていた。小さなスーツケースには役に立つものは何も見つからなかった。ふたつ目の大きなスーツケースを開けたブークが、叫び声を上げた。

一番上に、車掌の制服が丸めて置かれていた。

ポアロはさっそく詳しく調べ、銀のボタンがひとつなくなっていることを確認した。ポケットのなかをのぞくと、車掌用の鍵が入っていた。

ヒルデガルデの顔から血の気が引いた。

「わたしのじゃないわ！」彼女は叫んだ。「誓ってもいいです。どうしてここにあるのかわかりません！」

「大丈夫ですよ」とポアロが言って、彼女を落ち着かせた。「腰かけてください。あなたを信じています。あの制服があなたのものでないことはわかっています。ちょうどあなたが料理上手だってことがわかっているようにね」

ポアロはにっこりして、彼女が腰かけるとその腕を軽くたたいた。

「あなたは料理がお得意なんでしょう？」

困惑しつつも、少し落ち着きを取り戻して、彼女は微笑んだ。

"是的。"她说。"我服侍过的所有太太都这么说。"

"行了。"波洛说。"那我就把这身制服作为证物拿走了。我知道它不是你的。事情应该是这样的——凶手从雷切特的房间出来。他撞到了你，是他不走运。因为他不希望被人看见。现在既然已经被看到了，他就必须脱掉制服。接下来他会怎么做呢？他知道你刚离开房间，所以就进了你的房间，把制服留在了那里。"

听到这话，希尔德加德似乎恢复了平静。于是三个人离开了房间。

"现在我们知道凶手也有一把钥匙！他可以随意出入任何房间。"布克说。

"看上去确实如此……"波洛回答道。

最后，三人来到麦奎恩的房间，接着又搜查了马斯特曼和福斯卡雷里的房间。什么也没找到，三个人都在想同一件事——那件红礼服去哪儿了？

这是一个漫长的下午，他们三人决定稍作休息，然后在餐车讨论此事。波洛回到自己的房间，准备拿出香烟。然而，当他看到手提箱时，不禁怔住了。箱子上面小心翼翼地叠放着一件红色长袍。

"这是挑衅！"波洛想。"很好，我接受！"

■服侍 仕える、お世話をする　■恢复 回復する、復活する　■随意（束縛などを受けないで）思うままに　■漫长的（時間が）長い　■讨论 議論する　■怔住 ギョッとする　■小心翼翼地 丁寧に　■挑衅 挑発

「はい」彼女が言った。「お仕えした奥さまたちはみな、そのようにおっしゃいました」

「それはけっこうです」ポアロが言った。「それでは、この制服を証拠品として持って行きますが、あなたのものでないことはわかっています。つまりこういうことだったのでしょう——犯人がラチェットの部屋から出て来る。そしてあなたとぶつかる。男にとっては不運でした。誰にも目撃されたくなかったからです。そうなった以上、制服を脱がなくてはならない。では次にどうするか？　あなたが部屋を出たところだということを知っていた。それで、あなたの部屋に入り、制服を置いていったのです」

これを聞いて、ヒルデガルデが落ち着きを取り戻したようだったので、3人の男は部屋を去った。

「これで犯人は鍵も持っていたことがわかりました！　どの部屋にも好きなように出入りできたのです」ブークが言った。

「たしかにそう見えますが……」ポアロが返事した。

最後に、3人はマックィーンの部屋に行き、つづいてマスターマンとフォスカレリの部屋を調べた。何も見つからなかった。3人はみな同じことを考えていた——赤いガウンはどこに行ったのか？

長い午後だったので、3人は少し休憩してから、食堂車で話し合うことにした。ポアロは部屋に戻り、紙巻たばこを取り出そうとした。しかし、スーツケースを見たとたん、ぎょっとして目を見張った。スーツケースの上に丁寧にたたまれていたのは、赤いガウンだった。

「挑戦だ！」ポアロは思った。「よろしい。受けて立とう！」

覚えておきたい中国語表現

在离开房间之前，你是想来根卷烟，还是来个烟斗？（p.128, 1-2行目）
部屋を出られる前に、紙巻たばこはいかがですか、それともパイプのほうがよろしいですか？

　この文に出てくる「是〜还是〜」は、選択肢を提示する際に使われる口語表現です。例文では、「部屋を出る前に、紙巻たばこを吸うか、それともパイプを吸うか」と２つの選択肢を提示しています。

【例文】

① 你是想喝咖啡还是喝茶？
　　コーヒーと紅茶、どちらがいい？

② 这件事你是自己做还是让别人来做？
　　この件は自分でやるのか、それとも他人に任せるのか？

他一回来，就坐在房间的角落里看书。（p.130, 下から2行目）
戻って来ると、端っこに座って本を読んでいました。

　文中の「一〜就〜」は条件が満たされた直後の即時の結果を明確に表す重要な構文です。話し手の強調の意味合いが込められている場合もあります。

【例文】

① 我一听到这个好消息就连忙去告诉她。
　　この良いニュースを聞いた途端、私は慌ててそれを彼女に伝えに行った。

② 一到周一他就没精打采的。
　　月曜日になるとすぐに、彼はげっそりとした様子になる。

③ 我一洗衣服天就下雨，你说巧不巧。
　　私が洗濯をするやいなや雨が降ってきた。本当に偶然だね（だから運が悪いなあ）。

我打算去伦敦度假。（p.136, 8行目）
ロンドンには休暇で参ります。

　この文にある「打算」は中国語で「計画する」「予定する」という意味を持つ動詞です。例文では、「我打算去伦敦度假」は「私はロンドンに休暇を過ごすつもりだ」という意味になります。類似表現として「计划」「准备」「想」などがあります。

【例文】

① 我准备明年和家人一起去欧洲旅行。
　私は来年、家族と一緒にヨーロッパ旅行をする予定だ。

② 她计划用五年时间拿下博士学位。
　彼女は五年かけて博士号を取得するつもりだ。

③ 这件事我想后天再做。
　この件は、あさってやりたいと思っている。

要么是他巧妙地藏在这列火车的某个地方，无法被发现；要么是他作为乘客偷偷地上了这列火车。（p.148, 6-8行目）
彼がこの列車のどこかに非常に巧妙に隠れているので見つけることができない、あるいは、乗客としてこの列車にまぎれ込んでいるかのいずれかです。

　文中に出てくる「要么～要么～」は、2つの対立する選択肢を提示する際に使われる口語表現です。すでに紹介した「是～还是～」と類似した重要な表現です。

【例文】

① 你要么乖乖地把饭吃了，要么就什么也别吃。
　食事をきちんと食べなさい。さもなければ、何も食べるな。

② 他这个人生活单调，要么在家睡觉，要么在公司上班。
　彼の生活は単調で、家で寝ているか、会社で働いているかのどちらかだ。

覚えておきたい中国語表現

> 我宁愿坐在过道里，也不愿意睡在这里！（p.154, 3行目）
> ここで寝るのなら通路に座っているほうがましです！

　この文に出てくる「宁愿」は、2つの選択肢から一方を強く希望することを表す表現です。状況に応じて、「宁可」「还是」「与其」なども同様の意味合いで使われますが、「宁愿」は最も一般的な表現と言えます。

【例文】

① 他宁愿一个人生活，也不愿意和父母住在一起。
　　彼は一人暮らしを選び、親と一緒に住むことは絶対に望まない。

② 你与其在这里跟我耗着，还不如让我把事情先做了。
　　あなたはここで私と時間を無駄にするくらいなら、私にその件を先に済ませさせた方がいい。

③ 她宁可失去自由也不想再吃苦了。
　　彼女は自由を失うくらいなら、もうこれ以上辛い思いをしたくない。

第三部

24

第一章
疑点

波洛走进来时，布克和康斯坦丁正在餐车里谈话。他们都显得没精打采的。

"这个案子太复杂了！"布克说。"不可能破案。"

"我不这么认为。"波洛说。"有很多有用的线索。你们只是没认真听罢了。"

"你说的是什么线索？"

"首先，麦奎恩说雷切特不会说英语以外的语言。"

布克和康斯坦丁盯着波洛。

"你们不明白吗？当列车员被雷切特用铃声叫去时，从雷切特的房间里传来的回答是法语。而且还是流利的法语——这可不是你能从一个只懂几句法语的人嘴里听到的。"

"你说的没错！"康斯坦丁喊道。"那么肯定是凶手回答的！"

■ 没精打采 うちしおれて元気がない　■ 复杂 複雑、難解　■ 破案 案件を解決する　■ 线索 ヒント　■ 流利的 流暢な

第1章
疑問点

　ブークとコンスタンチンが食堂車で話していると、ポアロが入って来た。ふたりとも沈み込んでいるようだった。

　「この事件は手に余ります！」ブークが言った。「解決することなど不可能です」

　「そうとは思えません」ポアロが言った。「有力なヒントがたくさんありますよ。あなた方はちゃんと聞いていなかっただけです」

　「それはどういう点ですか？」

　「ひとつ目は、マックィーンがラチェットは英語以外の言葉を話せないと言ったことです」

　ブークとコンスタンチンはポアロをじっと見つめた。

　「わかりませんか？　車掌がラチェットのベルで呼ばれたとき、ラチェットの部屋から聞こえた返事はフランス語でした。それもこなれたフランス語でした——片言のフランス語しか知らない者には言えないでしょう」

　「その通りです！」コンスタンチンが叫んだ。「だったら、その返事は犯人のものに間違いありません！」

"也许吧，但我们不要急于下结论。"波洛说。"第二条线索是，这趟列车在这个季节异常拥挤。雅典至巴黎的车厢几乎是空的。布加勒斯特至巴黎的车厢也是如此。只有伊斯坦布尔到加莱之间的车厢是满的。这一点很重要。"

布克和康斯坦丁面面相觑，脸上都露出不解的表情。

"此外还有几件事我需要弄清楚。"波洛接着说。"第一是赫伯德太太化妆包的位置。第二是阿姆斯特朗太太母亲的名字。第三是在雷切特房间里发现的手帕的主人。第四是德拉古米罗夫公爵夫人的名字。第五是匈牙利大使夫妇护照上的污点。"

"我完全不明白这些事都意味着什么。"康斯坦丁医生说。

布克伸手去拿安德烈尼伯爵夫人的护照。
"你说的是这个污点吗？"
"没错。你们看看污点的位置——伯爵夫人名字的首字母。"

"上面写着埃琳娜·安德烈尼（Elena Andrenyi）。"布克说。

"没错。现在请想象一下，这个污点是用来隐藏字母的。比如说，如果伯爵夫人的名字实际上是海伦娜（Helena）——那么可以用污点把 H 隐藏起来，然后轻而易举地把小写的 e 改成大写的 E。"

■ 下结论 結論を出す ■ 拥挤 混む ■ 面面相觑 互いに顔を見合わせる（どうしたらよいかわからない） ■ 名字 名前 ■ 首字母 頭文字 ■ 实际上 実は ■ 轻而易举地 簡単に、容易く
■ 改成 直す、変える

「そうかもしれません、でも、急いで結論を出さないでおきましょう」ポアロが言った。「ふたつ目のヒントは、この列車がこの季節にしては、異常に混んでいることです。アテネ-パリ間の車両はほとんど空です。ブカレスト-パリ間の車両も同様です。イスタンブール-カレー間の車両だけが満席なのです。これは重要なことです」

ブークとコンスタンチンは互いに見つめ合い、どちらも困惑した表情を浮かべた。

「ほかにも解明したい点がいくつかあります」ポアロがつづけた。「第1にハバード夫人の化粧ポーチの位置。第2にアームストロング夫人の母親の名前。第3にラチェットの部屋で発見されたハンカチの持ち主。第4にドラゴミロフ公爵夫人のファーストネーム。第5にハンガリー大使夫妻のパスポートのしみです」

「わたしには、それらのことがどんな意味を持つのかまったくわかりません」コンスタンチン医師が言った。

ブークはアンドレニ伯爵夫人のパスポートに手を伸ばした。

「このしみのことを言っているのですか？」

「そうです。しみのある場所を見てください——伯爵夫人のファーストネームの頭文字のところです」

「エレナ・アンドレニ（Elena Andrenyi）と書いてあります」ブークが言った。

「その通りです。ここで、そのしみが文字を隠すためにつけられたと想像してください。ほら、例えば、伯爵夫人の名前が実はヘレナ（Helena）だとしたら——Hをしみで隠して、小文字のeを簡単に大文字のEに変えることができるでしょう」

　　"我明白了。"康斯坦丁说。"但为什么要这么做呢?"
　　"在雷切特房间发现的女士手帕上印有字母 H。"波洛解释说。

　　"哦! 由于手帕被发现了, 所以她匆忙地把名字从海伦娜改成了埃琳娜, 并隐瞒了手帕属于她的事实!"
　　"又来了, 你太草率了。"波洛说。"还有其他值得注意的地方。让我们回到阿姆斯特朗夫人母亲的名字。我们知道她是演员琳达·阿登。但这只是艺名, 她的真名叫戈登伯格。她有两个女儿。一个是索尼娅·戈登伯格, 嫁给了阿姆斯特朗上校。另一个更年轻, 叫海伦娜。两位, 我想说的就是这个。海伦娜·戈登伯格嫁给了安德烈尼伯爵。当时伯爵正旅居在华盛顿。也就是说她就是安德烈尼伯爵夫人!"

　　"不会吧!"康斯坦丁说。
　　"这就解释了她为什么要杀雷切特, 也解释了她为什么要改写护照上的名字。两位, 但有趣的是, 手帕不是她的。"

　　"这到底是什么意思?"布克喊道。
　　此时, 布克和康斯坦丁完全摸不着头脑。
　　"你们很快就会知道了。"波洛说。"现在, 就让我们先听听伯爵夫人的说法吧。"

■ 隐瞒 (事実を)隠す　■ 草率 軽率　■ 艺名 芸名　■ 旅居 滞在する、駐在する　■ 改写 書き換える　■ 摸不着头脑 さっぱり見当がつかない　■ 说法 説、説明

「なるほど」コンスタンチンが言った。「でも、どうしてですか？」

「ラチェットの部屋で発見された婦人用ハンカチにはHの文字がついていました」ポアロが言った。

「ああ！　ハンカチが発見されたので、急いで名前をヘレナからエレナに変え、ハンカチが彼女のものだという事実を隠したのですね！」

「また、急ぎすぎです」ポアロが言った。「ほかにも注意すべき点があります。アームストロング夫人の母親の名前に戻りましょう。彼女が女優のリンダ・アーデンであることはわかっています。しかしそれは芸名で、本名はゴールデンバーグです。そして彼女には娘がふたりいました。ひとりはソニア・ゴールデンバーグでアームストロング大佐と結婚しました。もうひとりはずっと年下で、ヘレナという名前です。わたしが言いたいのはこういうことです、みなさん。ヘレナ・ゴールデンバーグはアンドレニ伯爵と結婚した。伯爵がワシントンに駐在しているときです。つまり、彼女こそアンドレニ伯爵夫人だということです！」

「まさか！」コンスタンチンが言った。

「これでなぜ彼女がラチェットを殺したいと思ったか、なぜパスポートの名前を書き換えたか説明がつきます。しかし、みなさん、興味深いのは、ハンカチは彼女のものではないということです」

「いったいぜんたい、どういうことですか？」ブークが叫んだ。

いまや、ブークとコンスタンチンは、完全に途方に暮れていた。

「すぐにわかりますよ」ポアロが言った。「では、最初に伯爵夫人から話を聞きましょう」

25

第二章
护照上的污点

安德烈尼伯爵夫人在伯爵的陪同下来到餐车。

"伯爵夫人。"波洛说。"你掉了这个。"波洛拿出一块手帕。

"这不是我的。"伯爵夫人说。

"是吗？我以为是你的。因为上面有你名字的首字母——字母H。"

伯爵突然扭动了一下身体，但被伯爵夫人按住了。

"我不明白你在说什么。我名字的首字母是E. A.。"

"不对。你是海伦娜·戈登伯格，琳达·阿登的小女儿，索尼娅·阿姆斯特朗的妹妹。"

餐车里沉默了足足一分钟。

"不是吗？"波洛平静地问道。

最后，伯爵夫人用清晰的声音回答道。"是的，你说得对。我想我最好坐下来和你谈谈。"

■陪同 付き添い　■扭动（体を）左右に振る　■按住 押しとどめる　■小女儿 末の娘　■清晰的 はっきりとした

第2章
パスポートのしみ

　アンドレニ伯爵夫人が伯爵に付き添われて食堂車に来た。

　「伯爵夫人」ポアロが始めた。「これを落とされましたね」ポアロはハンカチを差し出した。

　「わたしのものではありません」伯爵夫人が言った。

　「ほう？　あなたのものだと思ったのですがね。あなたのイニシャルがありますから——Ｈの文字です」

　伯爵がいきなり体を動かしたが、伯爵夫人が押しとどめた。

　「おっしゃっていることがわかりません。わたしのイニシャルはＥ・Ａです」

　「いいえ。あなたはヘレナ・ゴールデンバーグです。リンダ・アーデンの末のお嬢さんで、ソニア・アームストロングの妹さんです」

　沈黙が、まる1分、食堂車に訪れた。

　「そうではありませんか？」ポアロが穏やかに訊いた。

　ついに、伯爵夫人がはっきりとした声で答えた。「はい、その通りです。椅子にかけてお話ししたほうがよさそうですね」

坐下后，伯爵夫人开始讲述她的故事。

"我是海伦娜·戈登伯格。那个叫雷切特的人是招致我侄女、姐夫和姐姐的死的罪魁祸首。我有强烈的动机杀了他。后来我听说雷切特被杀了，在他的房间里发现了一块印有 H 的手帕。我和丈夫担心我会被认为是嫌犯，所以丈夫出于保护我的目的，改写了我的护照。但我和他都没动过那个人一根手指头，我发誓。"

"我以名誉发誓。"伯爵说。"海伦娜昨晚吃了安眠药，一觉睡到天亮。我为谎报我妻子的身份道歉，但这也是不得已的。"

波洛沉默了一会儿。

"你如何解释印有首字母 H 的手帕？"

"我可以向你保证，它不是我的。"

"如果你想让我相信你，你就必须帮助我。"波洛说。

"怎么帮？"

"这次谋杀案的动机在于阿姆斯特朗家族的过去。请带我回到这个家族的过去，告诉我这个家族的情况。"

"但他们都死了！"海伦娜开始哭泣。

"保姆叫什么名字——就是那个自杀的年轻女人？"

"苏珊娜？可怜的姑娘。她和这个案子一点关系都没有……"

■ 招致 （悪い結果を）招く　■ 强烈的 強い　■ 动机 動機　嫌犯 容疑者　■ 手指头 手の指
■ 谎报 嘘を言う　■ 必须 必ず　■ 哭泣 泣く

　腰かけると、伯爵夫人は自分のことを語り始めた。
　「わたしはヘレナ・ゴールデンバーグです。そしてあのラチェットという男はわたしの姪、義理の兄、そして姉の死を招いた張本人です。わたしには彼を殺す強い動機があります。そんなときラチェットが殺され、彼の部屋でHの文字がついたハンカチが見つかったと聞きました。わたしたち夫婦は、わたしが容疑者とみなされるのではないかと恐れました。そこで、夫がわたしを守るためにパスポートを書き換えました。でも、夫もわたしも、誓ってあの男に指1本触れたことはありません」
　「名誉にかけて誓いますが」伯爵が言った。「ヘレナは昨夜、睡眠薬を飲んで、朝まで眠っていました。妻の身元について嘘を言って申し訳ありませんが、そうする必要があったのです」
　ポアロはしばらく黙っていた。
　「Hのイニシャルの入ったハンカチについてはどう弁明されますか？」
　「わたしのものではないと断言できます」
　「わたしに信じてほしければ、助けてもらわなくてはなりません」ポアロが言った。
　「どのようにして？」
　「今回の殺人の動機は、アームストロング一家の過去にあります。わたしを一家の過去にいざない、この一家について教えてください」
　「でも、みんな死んでしまったわ！」ヘレナが泣き始めた。
　「子守の名前は何でした——自殺した若い女性のことですが？」
　「スザンヌ？　かわいそうに。彼女は事件になんの関係もなかった……」

"她的国籍是什么?"

"法国。"

"她姓什么?"

"我……不记得了。"

"奶妈叫什么名字?"

"我想是叫斯滕格尔伯格。"

"那你的家庭教师呢?"

"她是个身材高大的中年妇女,苏格兰人。她有一头鲜红的头发,声音洪亮,脾气暴躁。我记得当时害怕极了。"

"她叫什么名字?"

"弗里博迪太太。"

"谢谢你,伯爵夫人。"波洛说。"我想知道的你都告诉我了。"

■ 奶妈 乳母 ■ 苏格兰 スコットランド ■ 洪亮 (声が) 大きい ■ 脾气暴躁 気性が激しい

「国籍は？」

「フランスです」

「姓はなんといいますか？」

「わたし……思い出せません」

「乳母の名前は？」

「シュテンゲルベルクという名前だったと思います」

「それでは、あなたの家庭教師は？」

「大柄の中年女性で、スコットランド人です。鮮やかな赤毛で、大声で気性の激しい人でした。とても怖かったのを覚えています」

「名前は？」

「フリーボディ夫人です」

「ありがとうございます、伯爵夫人」ポアロが言った。「知りたいことはすべて教えてくださいました」

第三章
公爵夫人的名字

当伯爵和伯爵夫人离开餐车时，门开了，德拉古米罗夫公爵夫人旁若无人地走了进来。

"吓我一跳！"布克说。"请这边走。你怎么了，公爵夫人？"

"你那里似乎有我的手帕。"

不解的布克和康斯坦丁面面相觑。

"就在这儿。"波洛说着，把手帕递给了公爵夫人。

"但是……但是……你的名字不是娜塔莉亚·德拉古米罗夫吗？"布克问道。"为什么名字的首字母是 H？"

公爵夫人冷冷地看着布克。

"我是俄罗斯人。我所有的手帕上都有俄文字母缩写。在俄语中，字母 N 被写成 H。"

波洛得意地看了他的两位朋友一眼。

■ 旁若无人地 つかつかと　■ 缩写 イニシャル　■ 俄语 ロシア語　■ 得意地 得意げに

第3章
公爵夫人のファーストネーム

　伯爵夫妻が食堂車から出て行くと、ドアが開き、ドラゴミロフ公爵夫人がつかつかと入って来た。

　「驚きました！」ブークが言った。「どうぞこちらへ。どうなされました、公爵夫人？」

　「わたくしのハンカチをお持ちのようね」

　困惑して、ブークとコンスタンチンが目を合わせた。

　「ここにございます」ポアロが言って、ハンカチを夫人にわたした。

　「しかし……しかし……あなたのお名前はナタリア・ドラゴミロフではありませんか？」ブークが訊いた。「どうして、Hのイニシャルなのですか？」

　公爵夫人は冷たい目でブークを見つめた。

　「わたくしはロシア人です。わたくしのハンカチにはすべてロシア文字のイニシャルが入っています。ロシア語ではNをHと書きます」

　ポアロはふたりの友人に得意げな視線を送った。

"我无意冒犯，公爵夫人，但你的手绢怎么会出现在被害者的房间里？"波洛问道。

"我不晓得。"

"我怎么能相信你没有撒谎？毕竟你之前也撒过谎。"

"你这么说是因为我没有告诉你安德烈尼公爵夫人就是海伦娜·戈登伯格吗？"

"没错。"

"海伦娜的母亲是我的至交，波洛先生。我关于她女儿的身世撒了谎，是为了保护她女儿。为了这个，撒多少谎我都不在乎。"

说完，赫伯德太太拿起手帕走出了房间。

"真是一个谎接一个谎啊！"赫伯德太太一走，布克就说。"真不知道这列火车上有多少骗子。"

"这不算什么，还会有更多谎言被戳破！"波洛说。"让我们再和玛丽·德本汉姆谈谈吧。"

■ 冒犯 失礼なことをする　■ 撒谎 嘘をつく　■ 至交 親友　■ 不在乎 気にしない　■ 骗子 嘘つき　■ 不算什么 大したことない　■ 谎言 嘘　■ 戳破 突き破る、暴露する

「失礼を覚悟で伺いますが、公爵夫人、どうしてあなたのハンカチが殺された男の部屋にあったのでしょうか？」ポアロが尋ねた。

「わかりませんわ」

「あなたが嘘をついてないと、どうして信じることができます？　前にも嘘をつかれていますからね」

「そうおっしゃるのは、アンドレニ公爵夫人がヘレナ・ゴールデンバーグだと言わなかったからですか？」

「その通りです」

「ヘレナの母親は、わたくしの大の親友でした、ポアロさん。あの娘の身元について嘘をついたのは、あの娘を守るためでした。そのためなら、何度でも嘘をつきますわ」

そう言うと、夫人はハンカチを手にして、部屋から出て行った。

「嘘の上塗りですな！」夫人が去るとブークが言った。「この列車にどれだけ嘘つきがいるのかわかったものじゃありません」

「いやいや、もっともっと出て来ますよ！」ポアロが言った。「もう一度、メアリ・デベナムと話しましょう」

27

第四章
玛丽·德本汉姆的身份

　　玛丽来到餐车后，波洛再次观察了她的外表。她年轻苗条，黑头发黑眼睛。她的一切——声音、语调、举止——都很安静。没错，她就是波洛一直在寻找的家庭教师。

　　"德本汉姆小姐，"玛丽坐下后，波洛说道。"我已经知道你的真实身份了。"

　　"你到底在说什么？"她以一贯的冷静和镇定的神态问道。

　　"你是海伦娜·戈登伯格的家庭教师。你在阿姆斯特朗家生活和工作了好多年。"

　　她睁大了眼睛，但什么也没说。

　　"我的朋友，"布克打断了他的话。"你这么说有什么证据？"

　　波洛直视着玛丽，开口说道。

■ 苗条 ほっそりした　■ 头发 髪　■ 语调 口調　■ 举止 振る舞い　■ 寻找 探す　■ 镇定 穏やか　■ 打断 割り込む

第4章
メアリ・デベナムの身元

　メアリが食堂車に到着すると、ポアロはもう一度、彼女の外見を観察した。若くてほっそりして、黒髪に黒い目。彼女の何もかも——彼女の声、口調、態度——が静かだった。そう、たしかに彼女こそ、ポアロが捜していた家庭教師だった。

　「デベナムさん」ポアロはメアリが座ると言った。「あなたの身元がわかりました」

　「いったい何をおっしゃっているのでしょう？」彼女はいつもの落ち着いて穏やかな態度で尋ねた。

　「あなたはヘレナ・ゴールデンバーグの家庭教師でした。数年間、アームストロング家に住んで働いていましたね」

　彼女は目を大きく開いたが、何も言わなかった。

　「友よ」ブークが割り込んだ。「何の根拠があるのですか？」

　ポアロは真っ直ぐにメアリを見つめ、話し始めた。

"安德烈尼伯爵夫人，也就是海伦娜·戈登伯格告诉我的。她说家庭教师是一个身材高大、说话大声的中年苏格兰女人——在各方面都与德本汉姆小姐截然相反。当我问她家庭教师叫什么名字时，她回答说"弗里博迪"。我知道英国有一家著名的商店叫"德本汉姆与弗里博迪"。她之所以说弗里博迪，是因为这是她最先想到的名字。她撒这个谎是为了不让玛丽·德本汉姆的身份被发现。"

"原来是这样啊！"布克喊道。

"波洛先生，够了。"玛丽说。她的眼泪夺眶而出。"请允许我告辞！"

玛丽跑出了餐车。

"我简直不敢相信。"康斯坦丁说。"如果说这列火车上的所有乘客都与阿姆斯特朗案有关，我也不会感到惊讶！"

"你说的一点没错！"波洛说。"我猜意大利人是阿姆斯特朗一家的司机，希尔德加德·施密特是厨师，英国侍从是阿姆斯特朗上校的侍从，瑞典太太是奶妈。好戏该收场了。让大家都到餐车来吧。我会提出两种不同的假说。"

■ 截然相反 正反対 ■ 商店 店 ■ 想到 思いつく、思い浮かぶ ■ 夺眶而出 (涙が) あふれ出る
■ 允许 許す、許可する ■ 告辞 失礼する ■ 猜 推測する ■ 司机 運転手 ■ 假说 仮説

「アンドレニ伯爵夫人、つまりヘレナ・ゴールデンバーグが教えてくれました。彼女によると、家庭教師は大柄で、中年の、大声で話すスコットランド人女性です——すべてにおいて、デベナムさんと正反対でした。家庭教師の名前を訪ねると、彼女は『フリーボディ』と答えました。わたしは、イギリスに〈デベナム・アンド・フリーボディ〉という有名店があるのを知っています。彼女がフリーボディと答えたのは、最初に思い浮かんだ名前だったからです。彼女はこのような嘘をついて、メアリ・デベナムの身元がばれないようにしたのです」

「そうだったのか！」ブークが叫んだ。

「ポアロさん、もう十分です」メアリが言った。目に涙があふれていた。「失礼させていただきます！」

メアリは食堂車から走って出て行った。

「信じられない」コンスタンチンが言った。「この列車の乗客全員がアームストロング事件に関係していると聞いても驚きません！」

「まさにその通り！」ポアロが言った「わたしの推理では、イタリア人はアームストロング家の運転手、ヒルデガルデ・シュミットは料理人、イギリス人の従者はアームストロング大佐の従者、スウェーデン人の婦人は乳母です。芝居は終わりです。みなさんを食堂車に呼びましょう。2通りの説を披露します」

28

第五章
两种解决方案

　　伊斯坦布尔到加来的列车上的所有乘客都聚集在餐车里。每个人都用同样的表情看着波洛——好奇和担忧交织在一起。列车员皮埃尔·米歇尔站在后面。大家坐定后，波洛开始讲话。

　　"塞缪尔·爱德华·雷切特，也就是卡塞蒂之死有两种可能的解决方案。现在我将解释这两种方案，并请布克先生和康斯坦丁医生判断哪种方案是正确的。

　　正如大家所知道的，雷切特先生遇刺身亡，他的尸体今早被发现。他最后被确认还活着是在昨晚十二点四十分。当时他隔着门给列车员回话。他口袋里的钟停在了凌晨一点十五分。据康斯坦丁医生说，死亡时间在午夜到凌晨两点之间。昨晚十二点三十分，火车因大雪停了下来。此后，任何人都无法离开列车。

■ 聚集 集まる　■ 担忧 心配　■ 交织 混ざる　■ 解决方案 解決法　■ 遇刺身亡 刺殺される
■ 隔着门 ドア越し　■ 回话 返事をする

第5章
ふたつの解決法

　イスタンブール‐カレー間の車両のすべての乗客が、食堂車に集まった。みんなが同じ表情を浮かべてポアロを見つめた──好奇心と心配の混ざった表情。車掌のピエール・ミシェルは、うしろに立った。全員が席に着くと、ポアロが話し始めた。

　「サミュエル・エドワード・ラチェットつまりカセッティの死には、ふたつの解決法が考えられます。これから両方を説明しますので、ブーク氏とコンスタンチン医師にどちらが正しい解決法か判断をお願いしようと思います。

　みなさん全員が事実をご存知です。今朝、ラチェット氏が刺殺死体で発見されました。最後に生きていることが確認されたのは昨夜の12時40分で、ドア越しに車掌に返事をしています。ポケットのなかに入っていた時計は午前1時15分で止まっていました。コンスタンチン医師によると、死亡時刻は夜中の12時から午前2時のあいだとのことです。昨夜の12時30分、雪のため列車が止まりました。それ以後は誰であろうと列車を離れることは不可能でした。

雷切特先生知道他有一个敌人。他告诉私家侦探哈德曼先生，他的敌人有以下特征——身材矮小、肤色略黑、声音像女人的男人。这个人在贝尔格莱德或文科夫奇站从阿布斯诺特上校和麦奎恩先生没关的门悄悄溜进了列车。然后，他在自己的衣服外面套上了随身携带的列车员制服。此外，他还带着钥匙，可以打开任何一扇门。雷切特在服用安眠药后睡着了。此人在对雷切特行刺数刀之后，穿过通往赫伯德太太居室的门离开房间。这时，他把一把匕首塞进了赫伯德太太的化妆包里，并弄掉了制服上的一颗纽扣。接着，他走进过道，脱下制服扔进一个空房间。两三分钟后从他进来的那扇门出去了。就在这时，火车驶离了文科夫奇站。”

“但你要如何解释钟表呢？”哈德曼先生问道。

“好的，我来说说钟表的事。雷切特离开沙里布罗德时，忘了把手表调后一小时以适应时差。所以，雷切特被刺时实际上是十二点十五分。”

在一段长时间的沉默后，突然传来一声惊呼。

“不，不对！”康斯坦丁医生喊道。“这说不通。火车是在十二点二十分离开文科夫奇站的。你要怎么解释十二点四十分听到的法语的声音？那烟斗呢？手帕又是怎么回事？你刚才的说法还有很多不一致的地方！”

■ 溜进 忍び込む　■ 套上 かぶせる、羽織る　■ 塞进 押し込む　■ 空房间 人のいない部屋
■ 如何 いかに　■ 调后 後ろにずらす　■ 适应 適応する、順応する　■ 实际上 実際は　■ 怎么
回事 どういうこと　■ 地方 箇所、点

　ラチェット氏は自分に敵がいることを知っていました。私立探偵のハードマン氏に、敵の特徴を、小柄で、浅黒く、女のような声をした男だと教えています。この男はベオグラード駅かヴィンコヴチ駅で、アーバスノット大佐とマックィーン氏が開け放しにしておいたドアから列車に忍び込みました。そして、持ち込んだ車掌の制服を服の上から着ました。また、鍵も持っていて、どのドアも開けることができました。ラチェットは睡眠薬を飲んで眠っていました。男はラチェットを何度も刺し、部屋を出るときはハバード夫人の部屋に通じるドアを通りました。そのとき夫人の化粧ポーチに短剣を押し込み、制服のボタンをひとつ落としました。それから通路に出て、制服を脱いで誰もいない部屋に投げ込み、2、3分後には入ったときと同じドアから出て行きました。ちょうどそのとき、列車がヴィンコヴチ駅を発車しました」

　「でも、時計をどう説明するのですか？」ハードマン氏が訊いた。

　「はい、時計のことですね。ラチェットはツァーリブロッドを出るとき、時差を調整するために時計を1時間戻すのを忘れたのです。ですから、ラチェットが刺されたのは実際には12時15分でした」

　長い沈黙があった。すると突然、叫び声が上がった。

　「いや、違う！」コンスタンチン医師が叫んだ。「つじつまが合いません。列車がヴィンコヴチ駅を発車したのは12時20分です。12時40分に聞こえたフランス語の声をどう説明するのですか？　パイプ・クリーナーのことは？　それにハンカチのことは？　いま聞いた説明には、ほかにも矛盾点がたくさんあります！」

"那么，让我来告诉你第二个解决方案。"波洛说。"首先，听了布克先生的话，我有了一个想法。他说火车吸引了各种国籍、各种阶层的人。我也是这么想的。我在想，我们还能在哪里找到这么多不同的人呢？那就是美国了。只有在美国的人家里，不同阶层、不同国籍的人才能聚集在一起。比如意大利司机、英国家庭教师、瑞典奶妈、法国保姆等等。这促使我为他们每个人分配了在阿姆斯特朗家中的角色。

在我与麦奎恩先生的第二次谈话中，我怀疑他与谋杀案有关。当我告诉他信中提到阿姆斯特朗一家时，他说完'但这，不可能……'就沉默了。之后他接着说'我是说，雷切特也有点太粗心大意了吧'。这么说很奇怪。我想他应该是想说'但这不可能，它应该被我烧掉了才对！'麦奎恩本就知道这封信——他参与了这个案件。

下一个是雷切特的侍从。他说过雷切特经常吃安眠药。这可能是真的，但那天晚上雷切特吃安眠药了吗？他害怕被袭击，枕头下藏了一把上了膛的手枪。这说明雷切特那晚想保持清醒。因此，如果他服用了安眠药，那一定是在他不知情的情况下服用的。只有侍从或秘书才有机会这么做。

■吸引 引きつける　■促使～ ～するように促す　■分配 分け与える、割り当てる　■角色 役、キャラクター　■提到 言及する　■参与 関与する、加担する　■襲击 襲撃、攻撃　■上了膛的 弾丸を込めた　■不知情 実情を知らない

「では、ふたつ目の解決法を話します」ポアロが言った。「まず、ブーク氏の発言から思いついたことがあります。彼は、列車はあらゆる国籍とあらゆる階級の人々を引きつけると言われました。わたしもそう思い、このように様々な人々が集まるところはほかにないかと考えました。それはアメリカです。異なる階級や国籍の人々が集まることができるのはアメリカの家だけでしょう。例えば、イタリア人の運転手、イギリス人の家庭教師、スウェーデン人の乳母、フランス人の子守などです。このことから、わたしはアームストロング一家における役をひとりひとりに当てはめてみました。

マックィーン氏との二度目の面接で、わたしは彼が殺人に関与していると疑いました。アームストロング家に触れた手紙の話をしたとき、彼は『しかし、そんなはずは……』と言って黙り込みました。そのあとで『つまり、ラチェットにしてはいささか不注意でしたね』とつづけました。そんなことを言うのは変です。おそらく彼は『しかし、そんなはずはない。燃やしたはずだ！』と言おうとしたのだと、私はふと思いました。マックィーンは手紙について知っていました——事件に関与していたのです。

つぎにラチェットの従者です。ラチェットが睡眠薬をいつも飲んでいると言いました。それは事実かもしれませんが、あの夜、ラチェットは睡眠薬を飲んだでしょうか？ 彼は攻撃を恐れていたし、枕の下に弾丸を込めたピストルがあったことからも、あの夜ラチェットは目を覚ましていたかった。だから、睡眠薬を飲んだとしたら、知らないうちに飲まされたに違いありません。それができたのは従者か秘書だけです。

接下来，哈德曼先生的证词清楚地表明，从其他车厢进来的
人不可能去杀雷切特。他整晚都在监视过道，如果有人从外面进
来，他一定会看到。

还有我无意中听到的阿布斯诺特上校和玛丽·德本汉姆之间
的对话。我知道出于某种原因，他们表现得像陌生人一样。尽管
他们之间的关系非常亲密。

下一位证人是赫伯德太太。赫伯德太太作证说，她从床上看
不到门锁。因为她的化妆包挂在门锁前面，所以她请奥尔森小姐
查看了一下。如果赫伯德太太的房间号是偶数，她的证词就没有
问题。在偶数房间里，门锁是安在门把手下面的。但是，在奇数
房间里，比如赫伯德太太所住的三号房间，门锁安在门把手上方
约三十厘米处。因此，我们可以推断她在撒谎。

现在，让我们来说说本案中最有趣的地方。那就是时间。在
雷切特的睡衣口袋里发现的怀表停在了一点十五分。然而，睡觉
前把表放在口袋里很奇怪，也会让人感到不舒服。而且，旁边就
有一个挂表的钩子。我明白怀表是作为假证据被放在睡衣口袋里
的。犯人需要它指向一个特定的时间，从而给火车上的所有人制
造有力的不在场证明。那么，如果案发时间不是一点十五分，那
是什么时候呢？

■无意中 何気なく、思わず ■出于～ ～による ■亲密 親密 ■推断 推察する ■怀表 懐
中時計 ■舒服 気持ち良い ■钩子 フック ■假证据 虚偽の証拠 ■制造 作る ■有力的
強力な

　つぎに、ハードマン氏の証言から、ほかの車両から入り込んだ者がラチェットを殺せるはずがないことがはっきりしました。彼は通路を一晩中見張っていましたので、外部から誰かが侵入してくれば目撃したはずです。

　それから、わたしが耳にしたアーバスノット大佐とメアリ・デベナムの会話があります。ふたりはとても親密な関係なのに、なんらかの理由で他人同士のように振る舞っていることはわかっていました。

　つぎの証人はハバード夫人です。夫人は、化粧ポーチがドアの錠の前にかかっていたからベッドから錠が見えなかった、そこでオルソンさんに頼んで見てもらったと証言されました。夫人の部屋が偶数番号だったなら、証言通りだったでしょう。偶数番号の部屋では錠はドアの取っ手の下についていますからね。ところが、夫人がおられた3号室のような奇数番号の部屋では、錠は取っ手の30センチほど上についています。ですから、夫人が嘘を言われていることがわかりました。

　さて、この事件の最も興味深い点に触れましょう。それは時刻です。ラチェットのパジャマのポケットから発見された時計は、1時15分で止まっていました。しかし、寝る前にポケットに時計を入れるのは奇妙ですし、寝心地がよくないでしょう。しかも、すぐそばに時計用のフックがあるのです。わたしには、時計が虚偽の証拠としてパジャマのポケットに入れられたことはわかっていました。列車に乗っている全員に強力なアリバイのある時刻を指すために必要だったのです。では、犯行時刻が1時15分でないのなら、いつだったのでしょう？

十二点四十分，我听到有人在雷切特的房间里喊叫。当然，雷切特被下了药，睡着了。他是不可能喊叫的！但是，雷切特房间里有人用法语回答了列车员——但雷切特不会说法语。突然，我意识到这一切都是为了欺骗我而设的骗局！麦奎恩怕我脑子转不过来，没能意识到从雷切特房间里传出的声音不可能是他自己的这一点，他向我指出雷切特不会说法语。这一招很聪明。这出戏也非常成功——我在夜里听到尖叫声，顺着过道望去，看到一个穿着红色长袍的女人。我竟然成了为掩盖真实谋杀而设计的虚假罪行的证人。

凌晨一点十五分，雷切特应该被下了安眠药，还在睡梦中。谋杀应该发生在凌晨两点左右，也就是所有活动结束之后。那么凶手是谁呢？"

所有人的目光都紧盯着波洛。没有一个人说话。

"奇怪的是，一个可能与谋杀案有关的人的不在场证明却被另一个意想不到的人证明了。"波洛接着说。"麦奎恩先生和阿布斯诺特上校——两个似乎从未谋面的人——互相给出了对方的不在场证明。同样的事情也发生在英国侍从和意大利人，以及年轻的英国女士和瑞典护士之间。我曾对自己说'我简直不敢相信——他们不可能都与这起案件有关！'。

■ 下药 薬を飲まされる　■ 骗局（人を騙すための）芝居　■ 脑子转不过来 頭が回らない　■ 指出 指摘する　■ 这一招 この手　■ 竟然 意外にも、なんと　■ 从未谋面 会ったことがない　■ 简直 まるで、全く

　12時40分に、わたしはラチェットの部屋で誰かが叫ぶ声を聞きました。しかし、もちろん、ラチェットは薬を飲まされて眠っていました。彼が叫べるはずがありません！　そこで、ラチェットの部屋にいた誰かが、フランス語で車掌に返事したのです――しかし、ラチェットはフランス語を話せません。突然、わたしは気づきました。これはすべて、わたしを欺くための芝居だということに！　わたしの頭が回らず、ラチェットの部屋から聞こえた声が本人の声であるはずがないことに気づけなかった場合にそなえて、マックィーンはわたしに、ラチェットはフランス語を話せなかったと指摘しました！　とても巧妙でしたね。芝居はうまくいきました――わたしは夜に悲鳴を聞き、通路をのぞき、赤いガウンの女性を見ました。わたしは本当の殺人を隠すために仕組まれた偽の犯罪の証人になったわけです。

　午前1時15分には、ラチェットは睡眠薬を飲まされまだ眠っていたはずです。殺人が起こったのは、すべての活動が終わったあとの午前2時ごろでしょう。では、犯人は誰でしょう？」

　すべての目がポアロに釘づけになった。誰もひとこともしゃべらなかった。

　「奇妙だったのは、殺人に関与した可能性のある人のアリバイが、思いもよらない人に証明されたことでした」ポアロがつづけた。「マックィーン氏とアーバスノット大佐――以前に会ったことがないように見えるふたりが――互いのアリバイを証言しました。同じことが、イギリス人従者とイタリア人にも、若いイギリス人女性とスウェーデン人の看護師にも言えます。わたしは自分に言いました。『信じられない――全員が事件に関係しているはずがない！』と。

然而，女士们，先生们，我已经看到了曙光。与阿姆斯特朗家有关的人在同一时间乘坐同一辆列车这种事是不可能发生的。这不是偶然，而是计划好的。

除了我之外，还有十二名乘客和一名列车员。而雷切特被刺了十二下。这是一出完美的戏剧。每个演员都各司其职。无论哪个人受到怀疑，都能提供足够的证据为他开脱，并混淆视听。如果其中的哪个人被外人怀疑的话，哈德曼的证词是有必要的。

这个解决方案可以解释一切。它可以解释伤口的不同特征——有的刺得很重，有的刺得很轻。哈德曼说他是受雇于雷切特的说法是假的。这也解释了那个穿红袍的女人——这也是一种伪装。这同样解释了那个身材矮小、皮肤较黑、声音像女人的男人。这个人根本就不存在。为了不让真正的卧铺车厢列车员遭到怀疑，这个男人的特征也是经过精心设计过的。

在我看来，所有十二名乘客都依次进入了雷切特的房间并刺了他一刀！ 他们永远不会知道哪一刀才是致命伤。

■曙光 あけぼのの光、希望の兆し、光明 ■计划 計画する ■完美 完ぺき ■戏剧 芝居 ■各司其职 それぞれが役割を果たす ■开脱 （罪や責任を）言い逃れる ■混淆视听 耳目を混乱させる ■根本 そもそも ■致命伤 致命傷

　ところがみなさん、わたしは光明を見出しました。全員が関係していた
のです！　アームストロング家に関係する人たちが、同じ列車に、同じ時
刻に乗り合わせるなどということは、あり得ませんし、不可能です。これ
は偶然ではなく、計画されていたのです。

　わたしのほかに乗客が12人と車掌がひとり。ラチェットは12か所を刺
されていました。これは完璧な芝居でした。それぞれの役者が自分の役割
を演じました。誰かひとりに疑いがかかっても、十分な証拠を示してその
人の疑いを晴らし、問題を混乱させるように仕組まれていました。ハード
マンの証言は、誰か外部の人に嫌疑がかかった場合に必要でした。

　この解決法で、すべての説明がつきます。傷の様々な特徴——あるもの
は強く、あるものは弱く刺されていたこと——を説明できます。ラチェッ
トに雇われたというハードマンの話は嘘でした。また、赤いガウンの女性
の説明もつきます——これも偽装工作でした。また、小柄で、浅黒く、女
のような声をした男の説明もつきます。そんな男は存在しなかったので
す。男の特徴も、本物の寝台車車掌の誰にも嫌疑がかからないように慎重
に考え出されたものです。

　わたしの考えでは、乗客の12名全員がラチェットの部屋に順番に入り、
刺したのです！　どの一撃が致命傷になったのか、当人たちにはけっし
てわからないでしょう。

如果阿姆斯特朗家的旧事没有被发现，火车上的任何人都不会被怀疑。警方会推测是外人作案，而"凶手"在下一站偷偷溜下了车。然而，他们没能完全处理掉这封恐吓信，火车又撞上了雪堆。为了解决这些问题，他们决定进一步混淆视听。他们在雷切特的房间里放置了两条线索——上校的烟斗清洁器和公爵夫人的手帕。之所以选择这两个人，是因为他们与雷切特的关系似乎都很远。尤其是公爵夫人，她身材娇小，体弱多病，不可能成为需要耗费大量体力的谋杀案的嫌犯。

计划还有一个变化——如果安德烈尼伯爵夫人被发现是索尼娅·阿姆斯特朗的妹妹，她将被视为这起谋杀案的头号嫌疑人。因此，同伙们一致同意不让伯爵夫人成为谋杀案的共犯。不过，由于在雷切特的房间里放了一块首字母为 H 的手帕，把伯爵夫人的名字从海伦娜改成埃琳娜比较保险。于是伯爵立即改写了夫人的护照。这样一来，伯爵夫人就与被杀的人和房间里留下的线索毫无关系了。

昨晚，只有伯爵夫人没有去雷切特的房间。但如果是这样的话，那就应该有十一处伤口——第十二处伤口会是谁留下的呢？

■旧事 昔の事 ■作案 犯罪行為を行う ■放置 置く ■线索 手がかり ■耗费 消耗する、浪費する ■头号 第一の ■共犯 共犯者 ■与～毫无关系 ～とまったく関係がない

　アームストロング家とのつながりが判明しなければ、列車に乗ってい
る者は誰ひとり疑われることはなかったはずです。警察は、外部の者の犯
行で、『殺人者』は次の駅でこっそり降りたと推定したでしょう。しかし、
脅迫状を完全には処分できず、列車は雪だまりに突っ込んでしまいまし
た。これらの問題に対処するため、共犯者たちは問題をさらに混乱させる
ことにしました。そしてふたつの手がかり——大佐のパイプ・クリーナー
と公爵夫人のハンカチ——をラチェットの部屋に置きました。このふたり
が選ばれたのは、どちらもラチェットとの関係が極めて薄いように見えた
からでした。特に、公爵夫人は小柄で弱々しく、体力が必要な殺人の容疑
者になりそうもありませんでした。

　計画にはもうひとつ変更がありました——アンドレニ伯爵夫人がソニ
ア・アームストロングの妹だと発覚したら、この殺人の第1容疑者とみな
されるでしょう。そのため、共犯者たちは伯爵夫人を殺人に加担させない
ことに同意しました。しかし、Hのイニシャルのついたハンカチがラチェ
ットの部屋に置かれることになったので、伯爵夫人の名前をヘレナから
エレナに変えるほうが安全でした。伯爵はすぐに夫人のパスポートを書
き換えました。こうしておけば、伯爵夫人は殺された男や部屋に残された
手がかりとまったく関係がないことになります。

　昨夜、伯爵夫人のみがラチェットの部屋に行きませんでした。しかし、
そうであれば傷は11か所になるはずです——12番目の傷は誰がつけたの
でしょう？

当然是列车员了。首先，列车员必须参与其中，这样的计划才能成功。但列车员和阿姆斯特朗一家是什么关系呢？他住在法国，长期为卧铺列车公司工作。于是我想起了那个自杀的法国保姆。皮埃尔·米歇尔应该就是保姆的父亲吧。像这样，一切都说得通了——为什么谋杀会发生在这列火车上。

阿布斯诺特上校应该与阿姆斯特朗家关系密切。希尔德加德确实是她家的厨师。当我问她是否个好厨师时，她回答说'是的，我服侍过的所有太太都这么说'。那是我设下的一个陷阱。照顾女主人日常起居的女仆是不会做饭的，这不是女仆的工作。那么哈德曼呢？我完全看不出他和阿姆斯特朗家有什么联系。所以我就猜想他是那个法国保姆的恋人。当我对他说法国女孩都很可爱时，他的眼泪在眼眶里打转。不过他把这归咎于刺眼的雪光。当然，麦奎恩也参与了案件的审理过程，他是索尼娅·阿姆斯特朗的朋友。

■ 长期 長い間　■ 父亲 父親　■ 密切 緊密　■ 陷阱 罠　■ 日常起居 身のまわり　■ 归咎于
〜 〜のせいにする

　もちろん、車掌です。そもそも、このような計画を成功させるには車掌が関与する必要がありました。しかし、車掌とアームストロング家のあいだにどのような関係があったのでしょう？　彼はフランスに住んでいて、長いあいだ寝台車会社に勤めています。そのとき、わたしは自殺したフランス人の子守のことを思い出しました。ピエール・ミシェルは子守りの父親ではないか？　そうすると、何もかも合点がいきます——殺人がこの列車で行われた理由も納得できます。

　アーバスノット大佐は、おそらくアームストロング家と親しくしていたのでしょう。ヒルデガルデは、本当は一家の料理人だったのだと思います。わたしが彼女に料理は得意ではないかと訊くと、『はい、お仕えした奥さまたちはみな、そのようにおっしゃいました』という答えが返ってきました。わたしは罠をかけたのです。女主人の身のまわりの世話をするメイドは料理をしません——メイドの仕事ではないからです。さて、ハードマンについてはどうでしょう。アームストロング家とつながりがあるようにはまったく思えません。そこでわたしは、フランス人の子守娘の恋人だったのではないかと想像しました。わたしがフランス娘はとても愛らしいと言うと、彼は目に涙をためていました。もっとも、雪のまぶしさのせいにしていましたがね。マックィーンはもちろん、この事件の訴訟手続きに携わっていましたし、ソニア・アームストロングの友人でもありました。

剩下的是赫伯德太太。赫伯德太太扮演了最重要的角色。她吵吵闹闹、还不可靠，总是给人制造麻烦，让我们分心。这个角色需要一位大师级的演员。一个专业的女演员。而阿姆斯特朗一家就有一位女演员——阿姆斯特朗夫人的母亲——琳达·阿登……"

波洛闭上了嘴。

然后，赫伯德太太用一种与旅途中截然不同的柔和且浑厚的嗓音说道："我一直想演喜剧来着。"

"我真蠢，竟然败在了挂在门把手上的化妆包上。"她接着说。"我想这说明日常的排练是必不可少的。我在去伊斯坦布尔的火车上试过。我想我当时住的是偶数房间。我从没想过门锁在哪里。"

赫伯德太太直视着波洛。

"你说得都对，波洛先生。但你无法理解卡塞蒂无罪释放那天我们的痛苦和悲伤。阿布斯诺特先生当时也在场。上校是约翰·阿姆斯特朗的好友。"

"在战场上，他救了我的命。"阿布斯诺特说。

"我们当时就决定要伸张正义。可是花了很长时间才得以实现——我们找到了雷切特，并把马斯特曼和麦奎恩作为仆人派过去——然而一切都进行得很顺利。

■扮演 演じる ■吵吵闹闹 騒々しい ■不可靠 頼りない ■麻烦 問題、トラブル ■分心 注意を逸らす ■专业的 プロの ■浑厚的 豊かな ■嗓音 声 ■排练 リハーサル ■必不可少 欠かせない ■痛苦 苦しみ ■悲伤 悲しみ ■在场 その場にいる ■伸张正义 正義の制裁をくだす ■顺利 順調

　残るはハバード夫人です。夫人は最も重要な役割を果たしました。騒々しいわりには頼りなくて、いつも問題を起こし、いつもわれわれの注意を逸らしていました。この役割には、演技の名人が必要でした。プロの女優です。そして、アームストロング家には女優がいました——アームストロング夫人の母親——リンダ・アーデンが……」

　ポアロは口を閉じた。

　すると、やわらかく豊かな声、これまで旅のあいだ使っていたのとはまったく違う声で、ハバード夫人が言った。「わたし、いつも喜劇をやりたいと思っていましたの」

　「ドアの取っ手にかけた化粧ポーチのことで失敗するなんて愚かでしたわ」夫人がつづけた。「リハーサルはいつもきちんとするべきだということですね。イスタンブールに向かう列車で試してみました。そのときは偶数番号の部屋にいたと思うの。錠の場所のことなど考えたこともありませんでした」

　夫人がまっすぐにポアロを見つめた。

　「あなたの言われる通りです、ポアロさん。でも、あなたにはカセッティが無罪になった日のわたしたちの苦しみと悲しみは理解できないわ。アーバスノットさんもその場におられました。大佐はジョン・アームストロングの親友でした」

　「戦場で、わたしの命を救ってくれたのです」アーバスノットが言った。

　「あのときわたしたちは、正義の制裁をくだそうと決心しました。実行に移すまでに長い時間がかかりました——ラチェットの行方を突き止め、マスターマンとマックィーンを使用人として送り込みました——でも、すべて完全にうまくいっていたのです。

如果需要谁来承担罪责，那就请让我一个人来担着。"她坚定地说。"如果是那个男人，我会毫不犹豫地捅他十几刀。不只是黛西。在她之前，还有其他孩子被杀，之后也有别的孩子被害。卡塞蒂本就应该被制裁。请不要把其他人牵连进来。上校和玛丽他们彼此相爱，他们还有未来的生活……"

波洛看向他的朋友。

"你是这家公司的高管，布克先生。"波洛说，"我想问问你的意见。"

"你要让我说的话，"布克说，"我认为你的第一个说法才是正确的。"

"我同意。"康斯坦丁医生说。"我们就把这个解决方案告知警方吧。"

"那好吧。"波洛说。"我的工作就到这里了。"

■ 承担罪责 罪を負う ■ 坚定地 きっぱりと ■ 毫不犹豫地 迷わずに ■ 牵连 巻き込む
■ 彼此 互いに ■ 告知 知らせる、周知する ■ 警方 警察

誰かに罪を負わせるのでしたら、わたしひとりの犯行にしてください」夫人がきっぱりと言った。「あの男が相手なら、12回ぐらい進んで刺してやったでしょう。デイジーだけじゃないのです。あの子の前にもほかの子どもたちが殺され、その後も繰り返されたことでしょう。カセッティは葬り去られるべきだったのです。ほかの人たちを巻き添えにしないでください。大佐とメアリは――愛し合っています。ふたりにはこれからの人生があるのです……」

ポアロは友人を見つめた。

「あなたはこの会社の重役です、ブークさん」ポアロが言った。「ご意見を伺いたいのですが？」

「わたしの意見を申し上げるなら」ブークが言った。「あなたの最初の説が正しいと思います」

「賛成です」コンスタンチン医師が言った。「われわれはこの解決法を警察に知らせましょう」

「それでは」ポアロが言った。「わたしの仕事はこれで終わりです」

覚えておきたい中国語表現

> 你们只是没认真听罢了。（p.170, 4-5行目）
> あなた方はちゃんと聞いていなかっただけです。

　文中に出てくる「只是〜罢了」は、事態を軽く見る、または理由を簡単に説明する際に使われる口語表現です。状況によっては、事態を過小評価したり、本質を見落としてしまう危険もあるので、注意が必要です。

【例文】

① 这件事只是个小误会罢了，大家都别太较真儿。
　　これは些細な誤解に過ぎない。みんな深く考えすぎないでくれ。

② 我昨天没去上班只是因为身体不适罢了。
　　私が昨日出勤しなかったのは、単に体調が悪かっただけだ。

③ 她只是迟到了一会儿罢了，没什么大不了的。
　　彼女はちょっと遅刻しただけで、大したことはない。

> 她和这个案子一点关系都没有……（p.178, 最終行）
> 彼女は事件になんの関係もなかった……

　文中に出てくる「一点（少しも、全く）」と「都（全て、完全に）」は、強調の意味を持つ重要な副詞です。両者を組み合わせると、「全く〜ない」という強い否定を表すことができます。

【例文】

① 我本以为她会表扬我，可是她却一点也不高兴。
　　私は彼女から褒められると思っていたが、彼女は全く喜んでいなかった。
　　※類似表現として、「一点〜也〜」が用いられる場合もあります。

② 他一点都不在乎你的感受。和这种人还是早点分手算了！
　　彼はあなたの気持ちを全く考えていない。そんな人とはすぐに別れた方がいい！

这时，他把一把匕首塞进了赫伯德太太的化妆包里，并弄掉了制服上的一颗纽扣。（p.192, 7-9行目）
そのとき夫人の化粧ポーチに短剣を押し込み、制服のボタンをひとつ落としました。

文中の「把〜塞进了〜里」は、いわゆる「把字句」と呼ばれる重要な文法構造です。この構文は、「把 + 目的語１ + 動詞 + 目的語２」のような構造をとっています。

【例文】

① 你先把钱给我，我再把东西给你。
　　先に私にお金を渡してから、あなたにものを渡します。

② 在昨天的会议上，他把大家说得心服口服。
　　昨日の会議で、彼は全員を言葉巧みに説得した。

③ 你先帮我把事情做了，我再考虑要不要录用你。
　　その件を手伝ってくれるのなら、あなたを雇うか検討しよう。

这不是偶然，而是计划好的。（p.200, 3行目）
これは偶然ではなく、計画されていたのです。

この文に出てくる「不是〜而是〜」という構文では、先に「不是」で前半の内容を否定してから、「而是」で後半の内容を肯定します。実際の会話の中では、相手の誤解を正したり、自身の意図をはっきりと伝えたりする際に有用な表現です。

【例文】

① 我选择这个专业，不是因为钱，而是因为我真的对它感兴趣。
　　私がこの専攻を選んだのは金のためではなく、本当にこの分野に興味があるからです。

② 她不是不相信你，而是担心你会受伤。
　　彼女はあなたを信じていないわけではなく、あなたがケガをするのを心配しているのです。

③ 这件事不是我们想象的那么简单，而是比我们预料的要复杂得多。
　　この件は私たちが想像したような単純なものではなく、予想よりはるかに複雑なのです。

> 之所以选择这两个人，是因为他们与雷切特的关系似乎都很远。
> （p.202, 6-7行目）
> このふたりが選ばれたのは、どちらもラチェットとの関係が極めて薄いように
> 見えたからでした。

　文中に出てくる「之所以～是因为～」は、理由や原因を説明する際に使われる重要な文法構造です。具体的には、「之所以 + 状況や結果, 是因为 + 理由や原因」という構造になります。

【例文】

　① 他今天之所以上班迟到，是因为通勤电车出了事故。
　　彼が今日仕事に遅刻したのは、通勤電車が事故に遭ったからです。

　② 领导之所以派你去调查这件事，是因为他信任你的为人。
　　上司があなたにこの件の調査を命じたのは、あなたの人柄を信頼しているからだ。

　③ 我之所以不接受这份工作，是因为没有足够的时间陪伴家人。
　　私がこの仕事を受け入れないのは、家族と過ごす十分な時間がないからです。

> 不过他把这归咎于刺眼的雪光。（p204, 下から3行目）
> もっとも、雪のまぶしさのせいにしていましたがね。

　「归咎于～」という表現は、ある出来事や失敗の原因や責任を特定の要因に帰すときに使われていて、「归咎于 + 原因や理由」という構文になります。類似表現として「归功于～」というのがありますが、この表現は、成功や業績の理由や原因を特定の要因に帰すときに使われます。

【例文】

　① 我们不应该把错误归咎于别人。
　　私たちは間違いの責任を他人に帰してはいけない。

　② 他把失败归咎于缺乏经验。
　　彼は失敗の原因を経験不足に帰した。

③ 她把成功归功于天赋和努力。
　　彼女は成功の理由を才能と努力に帰した。

④ 这个项目的成功应该归功于全体员工的通力合作。
　　このプロジェクトの成功は全従業員の協力あってこそだ。

可是花了很长时间才得以实现。（p.206, 下から3行目）
実行に移すまでに長い時間がかかりました。

　この文の中の「花了（很长）时间」は、「時間を費やした」という意味で使われています。ほかには、「労力を費やす」「お金を支出する」「注意や関心を払う」といった意味で使われることもあります。

【例文】

① 我花了一个月准备这个报告。
　　この報告の準備に1カ月も費やした。

② 我花了六千块钱买了一台新笔记本（电脑）。
　　六千元を使って新しいノートパソコンを買った。

③ 他从来不花心思在女朋友身上。
　　彼は全く彼女のことを気にかけていない。

我认为你的第一个说法才是正确的。（p.208, 下から5-4行目）
あなたの最初の説が正しいと思います。

　文中に出てくる「才 cái」という副詞は、会話の中で自身の意見を強く主張したり、相手に条件を示したりするときに使われます。適切に使いこなせば、話の意味がより明確になり、自身の気持ちを的確に伝えられます。

【例文】

① 他才十六岁，还不能喝酒。
　　彼はまだ十六歳なので、お酒を飲むことはできない。

② 我花了半天时间才把这周的作业做完。
　　その週の宿題を終わらせるのに半日もかかった。

③ 只有努力才能成功，光有天赋是不够的。
　　努力しなければ成功できない。才能だけでは不十分だ。

English **C**onversational **A**bility **T**est
国際英語会話能力検定

● **E-CATとは…**
英語が話せるようになるための
テストです。インターネット
ベースで、30分であなたの発
話力をチェックします。

www.ecatexam.com

● **iTEP®とは…**
世界各国の企業、政府機関、アメリカの大学
300校以上が、英語能力判定テストとして採用。
オンラインによる90分のテストで文法、リー
ディング、リスニング、ライティング、スピー
キングの5技能をスコア化。iTEP®は、留学、就
職、海外赴任などに必要な、世界に通用する英
語力を総合的に評価する画期的なテストです。

www.itepexamjapan.com

[IBC 対訳ライブラリー]
中国語で読むオリエント急行殺人事件

2024年7月11日　第1刷発行

原 著 者　　アガサ・クリスティー

翻訳・解説　　羅　漢

発 行 者　　賀川　洋

発 行 所　　IBCパブリッシング株式会社
　　　　　　〒162-0804 東京都新宿区中里町29番3号 菱秀神楽坂ビル
　　　　　　Tel. 03-3513-4511　Fax. 03-3513-4512
　　　　　　www.ibcpub.co.jp

印 刷 所　　株式会社シナノパブリッシングプレス

© IBC Publishing, Inc. 2024

Printed in Japan

ISBN978-4-7946-0819-2